W0072509

hänssler

Heinz-Dieter Becker

Meint

Jesus, der

Gott es

große Ermutiger

wirklich

zum Leben

gut?

mit einem Geleitwort von Peter Strauch

Heinz-Dieter Becker, evangelischer Theologe, geb. 1955, verheiratet, zwei Kinder, steht beruflich in einer Doppelfunktion: er arbeitet zum einen als theologischer Wissenschaftsredakteur (d. h. als Schriftleiter der *Theologischen Beiträge*, einer der bedeutendsten und auflagenstärksten theologischen Fachzeitschriften deutscher Sprache); zum anderen ist Heinz-Dieter Becker Pastor in der Freien evangelischen Gemeinde Heidelberg.

Bestell-Nr. 393.199
ISBN 3-7751-3199-X

© Copyright 1998 by Hänssler-Verlag, Neuhausen-Stuttgart
Umschlaggestaltung: Martina Stadler
Titelfoto: Bildagentur Mauritius
Foto S. 73: © by Brendow Verlag, D-47443 Moers,
        Plastik von Dorothea Steigerwald, Motiv: Umfangen
Satz: Vaihinger Satz + Druck
Druck und Verarbeitung: Ebner ULM
Printed in Germany

Die zitierten Bibeltexte wurden vom Autor aus dem Grundtext übersetzt oder auf der Grundlage bestehender Übersetzungen überarbeitet.

# Inhalt

Geleitwort von Peter Strauch ............................................. 9

Vorwort .................................................................... 11

## 1 Wie kann ich frei werden von Schuld und Schuldgefühlen? ... 13

1. Unbewältigte Schuld bewirkt Angst vor einer Strafe ... 15
2. Unbewältigte Schuld führt zum Verlust der
   eigenen Wertschätzung ......................................... 17
3. Unbewältigte Schuld bewirkt Angst vor Abweisung ... 18
A. Die Überwindung der Angst vor einer Bestrafung
   durch Gott ..................................................... 20
B. Die Wiedergewinnung der eigenen Wertschätzung ..... 24
C. Die Überwindung der Angst vor einem von
   Gott Abgewiesenwerden ......................................... 27

## 2 Hiob - oder die Frage: Wie komme ich mit einem Gott zurecht, den ich »nicht mehr verstehen« kann? ... 35

1. Wer ist Gott - angesichts der dunklen Nachtseite
   unseres Daseins? .............................................. 35
2. Wer ist der Mensch? Was ist das Motiv seines
   Gottesglaubens? ............................................... 38
3. Hiobs Glaube im Feuer der Echtheitsprüfung ............ 39
4. Hiobs Prozess gegen Gott .................................. 43
5. Hiobs entscheidende Begegnung mit Gott ................ 49

6. Hiobs Wandlung und die Überwindung seines Leidens 52
7. Nachtrag: Gott und das Böse .................................. 56


3 Gottes Vatersein - und die Probleme, die so viele
damit haben ................................................. 59

1. Die lebenseröffnende Begegnung mit der Liebe Gottes
   des Vaters in seinem Sohn Jesus Christus ................. 65
2. Die lebensfördernde Autorität Gottes des Vaters ........ 68
3. Zu Gott als dem Vater Vertrauen finden .................... 71


4 Wie kann ich mich in meinen Lebensentscheidungen von
Gott führen lassen? ........................................... 77

1. Gott hat einen Plan für mein Leben ........................ 79
2. Gottes Kompass für meinen Lebensweg .................. 83
3. Der göttliche Reiseführer .................................... 85
4. Unsere natürlichen Orientierungsorgane .................. 89


5 Die Gerechtigkeit Gottes und die Frage nach dem Vorher-
bestimmtsein des Menschen zum Heil oder Unheil ......... 97

1. Gott ist nicht ungerecht, sondern souverän in
   seinem Erbarmen mit uns! .................................... 103
2. Der einzige Weg zu Gottes Heil: Die Anerkennung
   seines Gottseins ............................................... 108
3. Gottes Erwählung zum Heil: Der objektive,
   gewisseste Grund der Heilsgewissheit des Christen ..... 116
4. Die Erwählung des Christen als Berufung zum Dienst
   an Noch-nicht-Glaubenden! .................................. 118

6 *Ehescheidung und Wiederheirat im Lichte des*
*Evangeliums Jesu Christi* ............................................. 127

   1. Wie die Ehe nach Gottes ursprünglichem
     Schöpferwillen gemeint ist ................................. 130
   2. Was sollen wir vom Evangelium Jesu her Menschen
     raten, deren Ehe gescheitert ist? ......................... 141
   3. Wiederheirat Geschiedener im Lichte des
     Evangeliums Jesu .................................................. 152
   4. Seelsorgliche Fragen als Entscheidungshilfen
     für den Einzelfall ................................................ 159


7 *Angst – und die Frage, wie man seiner Ängste Herr*
*werden kann* ................................................................. 165

   1. Auch Christen haben Angst ............................... 168
   2. Die Angst machende Situation im Lichte der
     Zusagen Jesu sehen lernen ................................. 171
   3. Lernen, der Angst unser Vertrauen zu verweigern ..... 176
   4. Angst überwindende Liebe ................................. 179


8 *Wenn Gebete ohne Antwort bleiben* ........................ 181

   1. Glaube, der sich nicht beirren lässt ..................... 184
   2. Glaube, auf den hin Gott sein Schweigen bricht ........ 189
   3. Glaube, auf den hin Gott nicht »nein« sagt .............. 192

*Meinen Eltern,*
*denen ich so viel verdanke.*

# Geleitwort

Frei werden von Schuld und Schuldgefühlen, Ehescheidung und Wiederheirat, Lebensführung, Beten, Ängste..., das alles sind Themen, die mir in den unterschiedlichsten Veranstaltungen, Kreisen und Gesprächen wieder und wieder begegnet sind – oft in Form von Fragen, die mir jemand lauthals und aggressiv oder leise und schüchtern stellte. Wie gut, dass Heinz-Dieter Becker sie in diesem Buch aufgreift und kompetent beantwortet!

Rückfragen beschreiben die Wertschätzung einer Sache. Wer zurückfragt, zeigt damit, dass er etwas noch nicht abgeschrieben hat. Er beschäftigt sich damit, möchte mehr davon wissen. Und bei dem Glauben an Jesus Christus geht es um viel mehr, als um eine Sache: Es geht um den Herrn aller Herren und um die spannende Frage, wie sich mit ihm leben lässt. Gerade, wenn der Glaube nichts Übergestülptes, sondern Bestandteil unseres ureigenen Lebens sein soll, müssen Rückfragen erlaubt sein: Wer ist dieser Jesus? Wie kann man mit ihm leben und sich von ihm führen lassen? Woher rühren die Empfindungen unvergebener Schuld? Leben Christen angstfrei? Warum kann ich mich über den liebenden Vater im Himmel nicht freuen? Warum den Weg Gottes mit mir nicht verstehen? – Fragen über Fragen, und die gängigsten und zentralsten begegnen Ihnen auf den folgenden Seiten. Der Theologe Heinz-Dieter Becker hat sie festgehalten und ist ihnen nachgegangen.

Die Art, wie das geschieht, hat mich beeindruckt: Hier versucht nicht jemand auf die Schnelle oberflächliche Lösungen anzubieten. Hier wird nicht plakativ mit grellen Farben hantiert, sondern sorgfältig und sensibel auf zweifelnde und nachdenkliche Rückfragen eingegangen. Und das alles geschieht so bibelbezogen, dass es sich lohnt, neben der Lektüre dieses Buches das »Buch der Bücher« griffbereit zu halten. Mitdenken ist erwünscht, denn der Text zielt nicht auf die unverdaute Übernahme von Vorgedachtem, sondern auf das Finden eigener Positionen. Ernsthaftes Fragen kann nur auf diese Weise gestillt werden. Übernommene und uns fremde Gedankengebäude stürzen bei der nächsten Erschütterung ein; aber das, was wir selbst verstanden und begriffen haben, hält schließlich auch zweifelnden Rückfragen stand.

Und so lade ich Sie ein, sich nun selbst an die Lektüre zu machen. Lesen Sie, schlagen Sie in der Bibel nach, vergleichen Sie, verarbeiten Sie und beziehen Sie eigene Positionen, die Ihnen helfen, Jesus Christus Ihr Vertrauen zu schenken, in diesem Vertrauen zu wachsen und anderen zu einem solchen Vertrauen zu helfen.

Witten, im Februar 1998

*Peter Strauch*

# Vorwort

Es gibt Fragen, die uns immer wieder und immer wieder neu begegnen, weil uns das Leben je neu und oft unausweichlich mit ihnen konfrontiert, – Fragen, die uns nach und nach oder ganz plötzlich zu Lebensfragen werden, die an den Nerv unserer Existenz rühren. Gemeinsam ist diesen uns in den Rätseln unseres eigenen Lebens oder auch im Lebensgeschick unserer Mitmenschen treffenden Fragen, dass sie in ihrer Tiefe Fragen nach dem *Letztem* in uns aufbrechen lassen: die Frage nach dem letzten Halt und Grund unseres Lebens, die Frage nach letzter Geborgenheit und Sinnerfüllung – und in alledem zuletzt die Frage nach Gott, nach seiner Wirklichkeit und seinem Wesen: *Meint Gott es wirklich gut?*

Die acht Kapitel des vorliegenden Buches nehmen in unterschiedlicher Weise solche im Leben Einzelner wie im Leben einer christlichen Gemeinde immer wieder aufbrechenden existentiellen Lebensfragen auf. Sie setzen die Einsicht voraus, dass wir Menschen uns tragfähige Antworten auf letzte Fragen nicht selber geben können. Sie sind daher aus dem Hören darauf geschrieben, wie bereits Frauen und Männer der Bibel um Antworten auf diese Fragen gerungen haben, wie Gott ihnen geantwortet hat und wie wir durch ihr Gotterleben zu wegweisenden Antworten auf unsere Lebensfragen *heute* gelangen können. Dabei ist der Inhalt des vorliegenden Buches von der vielfachen Erfahrung bestimmt, dass Gott uns Menschen durch sein Reden nicht einengen, klein machen oder reglementieren, sondern sich als *der große Ermutiger zum Leben* erweisen möchte: als *der Eine, der jeden Menschen bedingungslos und rückhaltlos bejaht!*

Die folgenden Kapitel sind daher Ausdruck der tiefen Überzeugung, dass sich gerade *theologische* Antworten auf unsere Lebensfragen daran messen lassen müssen, ob sie der Förderung heilvollen, gelingenden und erfüllten Lebens dienen, – ob sie sich als Ausdruck der lebensverändernden Heilkraft der Liebe Gottes erweisen, die uns Kraft zum Leben vermittelt und uns ermutigt, unser Leben *mit IHM* zu leben.

Die Hoffnung, dass das vorliegende Buch dem Leser in diesem Sinne dienen kann, verdankt der Autor nicht nur eigener und seelsorgerlicher Erfahrung, sondern insbesondere der dankbar stimmenden Resonanz, die von ihm gehaltene Vorträge, Referate und Predigten zu den im Folgenden behandelten Themen bei unterschiedlichem Publikum hervorgerufen haben. *Das besondere Anliegen dieses Buches ist es, die in ihm gestellten Lebensfragen seelsorglich einfühlsam, allgemein verständlich und zugleich mit der gebotenen theologischen Tiefgründigkeit Antworten zuzuführen, die überzeugen und sich in unserer Lebenswirklichkeit als tragfähig erweisen.*

Mein ausdrücklicher Dank gilt allen voran zunächst *meiner lieben Frau*, die mir in liebevoller Unterstützung die zeitlichen Freiräume geschaffen hat, die das Schreiben des vorliegenden Buches allererst ermöglicht haben. Auch für das Redigieren des Manuskripts gilt ihr mein herzliches Dankeschön. Eine besondere Freude hat mir mit seinem Geleitwort der Präses des Bundes Freier evangelischer Gemeinden in Deutschland, *Pastor Peter Strauch,* gemacht: Vielen herzlichen Dank! Nicht zuletzt möchte ich auch meinem geschätzten Heidelberger Kollegen *Pastor Fritz Weidemann* danken, dessen Vorbild mich immer neu bestärkt hat, Gott als den zu denken und wahrzunehmen, der er im tiefsten Grunde ist: als den großen Ermutiger zum Leben.

Heinz-Dieter Becker

# 1

# Wie kann ich
## frei werden
# von Schuld und
## Schuldgefühlen?

*Die von Gott gewollte Traurigkeit bewirkt Buße,
eine neue Lebensausrichtung, die zu blühendem,
von Heil erfülltem Leben führt. Darum wird diese
Traurigkeit von niemandem bereut. Die von Angst
bestimmte Traurigkeit aber bewirkt den Tod.*
(nach 2. Korinther 7,10)

Im Frühjahr 1959 wird ein amerikanischer Luftwaffenmajor in
eine Nervenheilanstalt eingeliefert: alkoholabhängig, von seiner Frau geschieden, straffällig. Mehrfach hat er versucht, seinem Leben ein Ende zu machen.

Jahrelang ist dieser Major ein vorbildlicher Offizier gewesen
– mit besten Aussichten auf eine große Karriere. Dann kommt es
zu einer tragischen Wende in seinem Leben: *Er* fliegt das Flug-
zeug, das im Zweiten Weltkrieg über Hiroshima die erste Atom-
bombe abwirft!

Zunächst verteidigt der Offizier seine Kriegstat vehement: er
habe keine andere Wahl gehabt, auf Befehl gehandelt – für sein
Land! Doch nachts in seinen Träumen verfolgen ihn Schreckens-
bilder schreiender japanischer Männer, Frauen und Kinder.
Furchtbare Schuldgefühle, Gewissensqualen und Depressionen

stellen sich ein. Unaufhörliche Selbstanklagen treiben ihn schließlich dazu, sich dem Alkohol hinzugeben und sich durch Diebstähle willentlich wortwörtlich *straf-bar* zu machen. Bewusst zielt er darauf ab, bestraft zu werden – in der Hoffnung, durch das Verbüßen einer Strafe seine Schuld zu sühnen, sich auf diese Weise zu *ent-schuldigen* und seine quälenden Schuldgefühle wieder los zu werden.

– Gewiss, nur wenige Menschen haben in ihrem Leben eine so eklatante, exorbitante und folgenschwere Schuld auf sich geladen. Und doch sind die Wartezimmer von Psychotherapeuten und Psychiatern vielfach überfüllt mit Menschen, die – geplagt und gejagt von Schuldgefühlen – nicht mehr aus noch ein wissen.

Auch immer mehr *Christen* nehmen psychisch Schaden an ihrer Seele, weil sie mit unbewältigter Schuld in ihrem Leben nicht mehr fertig werden. Zwar gestehen Christen ihre Schuld Gott im Gebet ein, aber die Erfahrung zeigt, dass man sie dadurch längst nicht immer los wird, oft schon bald dieselben Fehler und Sünden wieder begeht, und dass vielfach quälende Schuldgefühle zurückbleiben, wenn das Sündenbekenntnis nicht als eine wirklich frei- und glücklich machende Erfahrung erlebt wird.

Freilich kann man Schuld auch leugnen, verdrängen oder bagatellisieren. Aber auf diese Weise wird man Schuld und Schuldgefühle nicht los, sondern liefert seine Seele ihrer *Herrschaft* aus: getarnt hinter Aggressionen oder Depressionen gewinnen Schuldgefühle Macht über unser Seelenleben, bedrängen, hemmen und lähmen uns. Ängste kommen auf, die uns die Freude, unsere Unbeschwertheit und Hoffnung nehmen, – Beklemmungen, die uns das Leben vermiesen und am Ende seelisch krankmachen können.

Im Folgenden sollen darum zunächst das *Wesen* und die *Entstehung* von Schuldgefühlen aufgehellt werden. Dann wird in einem zweiten Schritt von dem *Kernstück der Absicht Gottes mit uns Menschen* die Rede sein: von dem uns in der Bibel gewiesenen Weg, aus einem Leben im Minus herauszukommen, Schuld wirklich zu *bewältigen* und von quälenden Schuldgefühlen frei zu werden.

*Drei Empfindungen* vor allem sind es, durch die unbewältigte Schuld unser Leben einengen, unsere Lebensfreude lähmen kann – drei Empfindungen, die den oftmals tief verborgenen *Kern* aller Schuldgefühle bilden:

# 1. Unbewältigte Schuld bewirkt Angst vor einer Strafe

Wer Unrecht getan hat, an Gott oder seinen Mitmenschen schuldig geworden ist, hat in aller Regel Angst, zuweilen panische Angst davor, ertappt und bestraft zu werden. – Dass diese Angst vor einer Strafe eine oftmals so lähmende, ja gespenstische *Macht* über uns besitzt, hängt mit der *Entwicklung unserer Persönlichkeit* zusammen:

Schon als Kinder haben wir ein sittliches *Ideal*bild von uns selbst entwickelt: ein Bild von uns, wie wir eigentlich sein *sollten* und daher in gewisser Weise auch sein *wollen*. Von unseren Eltern und anderen für uns bedeutenden Personen unseres sozialen Umfeldes übernahmen wir gesellschaftliche, moralische und religiöse Ideale, Normen und Verhaltensmaßstäbe, die seither unser *Gewissen* bestimmen. Und: wir machten jahrelang die Erfahrung, dass ein Verstoß gegen diese moralischen Verhaltensvorgaben in der Regel von unseren Eltern, Erziehern und Lehrern in irgendeiner Form geahndet, bestraft wurde. Wir sind daher gewöhnt, unsere Vergehen durch das *Verbüßen einer Strafe wieder auszugleichen*. Von Kindheit an prägt uns die Erfahrung: ich muss mich durch Ableistung einer Strafe ent-schuld(ig)en, erst dann ist alles wieder gut, und ich werde meine Schuldgefühle los.

Erwachsen geworden leben wir ein vermeintlich autonomes Leben: unsere Eltern und Erzieher sind nicht mehr unmittelbar zugegen; so bleibt die ausgleichende Bestrafung für ein Fehlverhalten oft aus. Gleichwohl: In unserem Gewissen *bleibt* das Bewusstsein, dass wir für ein Vergehen eigentlich eine Strafe bekommen, bezahlen, unsere Schuld abbüßen müssten. Aus Angst, für ungesühnte Schuld vom *Leben bestraft* zu werden, übernehmen wir die gewohnte Straffunktion unserer Erzieher nun *selbst*, um unsere Schuldgefühle los zu werden: wir entwickeln in unserem Gewissen subtile Methoden der *Selbstbestrafung*: Wir *verletzen* uns, indem wir zum Beispiel – wie damals unsere Erzieher – zu uns sagen: Du hast dich blamabel benommen, du solltest dich schämen! Oder wir *drohen* uns: Eines Tages fliegst du auf; dann wird man dir heimzahlen, was du getan hast!

Nicht selten übertragen wir dieses Schuld- und Sühnedenken dann auch auf unsere Beziehung zu Gott: Irgendwie und irgendwann wird Gott dich strafen für dein Tun, so denken wir und leben fortan insgeheim in unterschwelliger Erwartung einer göttlichen Strafe. Wir fürchten vielleicht, Gott könne uns mit einer Krankheit schlagen oder ein Unglück in unserer Familie geschehen lassen, wähnen, er werde uns seinen Schutz und Segen entziehen oder unsere Gebete nicht mehr erhören. Dieser Reaktionsmechanismus mag uns weithin gar nicht bewusst werden, und doch hält uns unbewältigte Schuld auf unterschiedlichste Weise im Bannkreis der Angst: der Angst vor einer Strafe – bis hin zur Angst vor dem Tod.

Bei vielen Menschen eskaliert die Angst vor einer Bestrafung zu einer panischen Angst vor dem Schuldigwerden *überhaupt.* Ihr Denken, Reden und Handeln ist dann nicht mehr von positiven Zielen geleitet, sondern von dem negativen, angstbesetzten Motiv bestimmt, sich nur nichts zu Schulden kommen zu lassen, unter keinen Umständen Fehler zu machen. Lieber nichts tun, als Gefahr laufen, etwas Falsches zu tun, lautet ihre oberste Maxime. Eingeschnürt in dem Wahn, ohne Makel bleiben zu können und zu müssen, wagen sie nicht mehr, ihr Leben wirklich zu leben und werden damit schuldig am Leben selbst: schuldig, ihr unverwechselbares, einmaliges Leben am Ende eigentlich gar nicht *gelebt* zu haben! Das macht die *Tragik* unseres Daseins aus: selbst der ehrliche und energische Versuch, sich nichts zu Schulden kommen zu lassen, führt nicht wirklich heraus aus dem Bannkreis von Angst, Schuld und immer neuem Schuldigwerden, sondern hält uns in ihm gefangen.

## 2. Unbewältigte Schuld führt zum Verlust der eigenen Wertschätzung

Die zweite Auswirkung unbewältigter Schuld ist der Verlust der Selbstachtung und eigenen Wertschätzung. Wie oben skizziert, entwickeln wir als Kinder unter dem erzieherischen Einfluss unserer Umgebung in unserem Gewissen ein Idealbild rechten Verhaltens, an dem wir fortan unser Tun messen, – ein richterliches »Über-Ich« (Sigmund Freud), dessen idealen Forderungen wir fehlbare Menschen im realen Leben nie ganz entsprechen können. Keineswegs also ist unser Gewissen einfach die *Stimme Gottes* in uns: es ist zunächst einmal die zu einer in-

neren Gerichtsinstanz verinnerlichte Stimme unserer *Erzieher!*
Entsprechen wir den Forderungen dieses inneren Richters in unserem Gewissen, dann fühlen wir uns rein von aller Schuld und haben ein positives Bild von uns selbst: wir schätzen uns als gut und wertvoll ein. Bleiben wir aber hinter dem durch unser Über-Ich vorgegebenen moralisch-religiösen Soll zurück, so fühlen wir uns schuldig und strafen uns mit Selbstverachtung: Was hast du nur für einen erbärmlich schwachen Charakter! Wie bitter hast du enttäuscht!, so klagen wir uns an – oftmals mit denselben Worten, die früher unsere Erzieher uns gegenüber gebrauchten. Du taugst nichts, bist ein Versager und solltest dich schämen vor den anderen. Und wie muss Gott erst von dir denken!, so unsere Selbstvorwürfe. Vernichtend zuweilen, der Schuldspruch des inneren Richters, der uns kraft des Gesetzes in uns aburteilt. Niedergeschlagenheit, Verlust des Selbstwertgefühls und Selbstverachtung sind die Ruten, mit denen wir uns in solchem Selbstgericht schlagen und verurteilen. Von einem »inneren KZ« spricht der Wiener Psychotherapeut Professor Viktor E. Frankl, um das Schreckensszenario zu beschreiben, in dem unbewältigte Schuld uns gefangen hält.

# 3. Unbewältigte Schuld bewirkt Angst vor Abweisung

Noch eine dritte Pein unbewältigter Schuld ist in diesem Zusammenhang zu nennen: die Angst vor dem Abgewiesenwerden. – Da mögen uns unsere Eltern, Lehrer und sonstigen Bezugspersonen noch so *liebevoll* zu erziehen versucht haben: irgendwann sind auch sie einmal »ausgerastet«, haben die Fassung verloren und mit *Abweisung* auf unser Fehlverhalten reagiert: Verschwinde auf dein Zimmer! Geh mir aus den Augen! Ich mag dich nicht mehr sehen!, so mag das geklungen haben, und diese Erfahrung hat sich tief eingeprägt in unserer kindlichen Seele! Eltern mögen ihren Kindern noch so oft beteuern: Wir haben dich lieb, *wie du bist!*, – wenn sie sich nur zwei, drei Mal im Unmut von ihnen abwenden, haben sie die Beteuerung *bedingungsloser* Liebe annulliert, durchgestrichen! Kaum etwas flößt einem Kind solche Furcht ein wie die Drohung, sich von ihm abzuwenden. Auch wenn Kinder eine solche bittere Erfahrung nur selten machen: der selige Traum, bedingungslos geliebt zu sein, ist damit ein für allemal ausgeträumt. Meine Eltern lieben mich nur, *wenn ...*, so lautet die Folgerung. Und was Wunder, wenn solche Erfahrungen es einem Menschen fortan schier unmöglich machen, die Liebe, die *Gott* uns in Jesus Christus schenkt, für eine bedingungslose zu halten?! *Auch in unserer Gottesbeziehung bestimmt uns unsere kindliche Erfahrung mit,* beschleicht uns die Angst vor drohendem Liebesentzug: Bin ich ungehorsam, dann werde ich von Gott weniger geliebt!, so sind wir aufgrund der prägenden Reaktionen von Mitmenschen auf unsere Fehler alsbald überzeugt.

Mit Hilfe unserer frühkindlichen Erfahrungen des Bestraftwerdens flößen unbewältigte Schuldgefühle uns Angst vor Strafen ein. Sie entzweien uns von uns selbst, so dass wir uns mit vernichtenden Selbstanklagen selber den Prozess und fertigmachen. Und obendrein nehmen sie uns den Halt, der uns als Schuldiggewordene allein halten könnte: sie hindern uns, der bedingungslosen Liebe Gottes rückhaltlos zu vertrauen!

– Damit dürfte deutlich geworden sein, dass es sich bei den dargestellten Schuldgefühlen nicht um jene »von *Gott* gewollte Traurigkeit« handelt, die in echter *Reue* über begangene Fehler wurzelt, Entschuldigung in Gottes Vergebung sucht und zu heilvollem Leben führt, sondern um jene andere »Traurigkeit«, von der der voranstehende Bibeltext spricht: um durch Anklagen des inneren Richters in uns hervorgerufene Schuldgefühle; um ein *von Angst vor den unter Umständen zu befürchtenden Folgen* unseres Versagens bestimmtes Schuldempfinden, das uns innerlich krank und lebensunfähig zu machen droht!

– In einem *zweiten* Gedankenschritt soll daher nun von den genannten Merkmalen angstbestimmter Schuldgefühle noch einmal die Rede sein, und zwar im Lichte des *Evangeliums*, durch das Gott uns Menschen *Vergebung* unserer Schuld anbietet und uns von Schuldängsten *frei* machen will.

# A. Die Überwindung der Angst vor einer Bestrafung durch Gott

In offenkundigem Gegensatz zu der unsäglichen und doch scheinbar unausrottbaren Auffassung, die christliche Glaubenslehre setze uns Menschen mit der Androhung von *Strafen* Gottes unter Druck, um uns gehorsam und gefügig zu machen, sagt die Bibel an keiner einzigen Stelle, dass Christen Angst vor Gottes Strafen haben sollten. Im Gegenteil! Sie sagt: »*Die Strafe lag auf ihm* (auf Jesus), *damit wir Frieden hätten*« (Jesaja 53,5), und: »*Da wir nun vor Gott gerecht geworden sind durch den Glauben* (an den stellvertretenden Sühnetod seines Sohnes), *haben wir Frieden mit Gott durch unseren Herrn Jesus Christus*« (Römer 5,1). Freilich kann und wird Gott als gerechter Richter kein Unrecht ungestraft lassen. Aber das ist ja das Evangelium, das Wunder, von dem Christen leben: dass *Gott* ihre Schuld und Strafe längst für sie *bezahlt hat*, – an ihrer Stelle *selbst* bezahlt hat: in dem Kreuzestod seines Sohnes Jesus Christus (Kolosser 1,14; 1,20). *Christen sind von ihrer Schuld für immer Befreite!*

Entsprechend versichert das Neue Testament, dass denen, die auf Jesus Christus vertrauen, nicht nur all ihre Fehler und Schulden von Gott verziehen *werden*, sondern bereits ein für allemal verziehen und vergeben *sind!* (Kolosser 2,13 sagt dies im griechischen Grundtext des Neuen Testaments in der Sprachform des Aorist, die ausdrückt, dass eine Handlung bereits geschehen und abgeschlossen ist). *Alle* Fehler und Sünden sind in dieser Vergebung eingeschlossen – auch die zukünftigen! Jesus hat den gegen uns stehenden Schuldbrief mit seinen Forderungen an uns »*durchgestrichen ... und an sein Kreuz genagelt*« (Kolosser 2,14). Gegen die, die sich auf Jesu Tun für uns verlassen, besteht von Gott her gar keine Anklage mehr; *Gott hat die Anklage gegen sie für immer fallen gelassen!* Nicht Gott, sondern sein satanischer Gegenspieler und ihr Gewissen sind es, die Christen ihrer längst bezahlten Sündenschuld wegen immer noch anklagen (Offenbarung 12,10; 1. Johannes 3,20). Jesus Christus ist ihr göttlicher Anwalt geworden, der sie gegenüber diesen Anklagen verteidigt, ja gerechtspricht! Paulus bricht über dieser Tatsache in Freudenjubel aus: »*Wenn Gott selbst für uns ist, wer will denn dann noch gegen uns sein?!*« (Römer 8,33-35). Unser Gewissen sagt uns an dieser Stelle nicht die Wahrheit: *Es gibt keine Verurteilung und keine Strafe Gottes* für die, die auf seinen Sohn Jesus Christus vertrauen (Römer 8,1). – Warum aber tun sich Christen oft so schwer zu *glauben*, dass Gott sie nie strafen wird? – Weil wir alle einer so rückhaltlosen, bedingungslosen und umfassenden Liebe, wie der Liebe Gottes zu uns, nirgends sonst in unserer Welt begegnen! Weil wir von Kindheit an gewöhnt sind, von unseren Erziehern für ein Fehlverhalten bestraft zu werden und für neues Unrecht neue Strafe zu bekommen. Und: weil wir in der Regel nicht unterscheiden zwischen *Strafen* Gottes und seinen *väterlichen Zurechtweisungen.* Gott *straft* seine an ihm schuldig gewordenen *Feinde* (2. Thessalonicher 1,8f.; 2. Petrus 2,9; Jesaja 13,11), seine *Kinder* aber *weist er zurecht* (Offenbarung 13,9; Hebräer 12,5ff.)! Das folgende Schaubild verdeutlicht die zwischen einer Bestrafung und einer Zurechtweisung durch Gott bestehenden *elementaren Unterschiede:*

|  | Bestrafung: | Zurechtweisung: |
|---|---|---|
| Ziel, Zweck: | Vergeltung eines Vergehens | Korrektur, Förderung von Reife und Wachstum |
| Ausrichtung: | auf begangene Sünden in der *Vergangenheit* | auf heilvolles Leben in der *Zukunft* |
| Motiv: | gerechter Zorn | barmherzige Liebe |
| Ergebnis: | Schuldempfinden | echte Reue und Dankbarkeit |

Der Zweck einer Strafe Gottes ist die *ausgleichende Vergeltung* eines begangenen Unrechts; der Zweck seiner Zurechtbringung *erzieherisch-helfende Korrektur.*

Gottes Bestrafungen zielen auf begangene Sünden in der *Vergangenheit*; seine Zurechtweisungen auf gelingendes, heilvolles Leben in der *Zukunft.*

Das Motiv des strafenden Gottes ist sein Zorn über das Unrecht und sein Eifer für dessen gerechte Vergeltung; das Motiv göttlicher Zurechtweisung aber ist *barmherzige, vergebende Liebe: In seiner Zurechtweisung ist Gottes Nein zur Sünde getragen von seinem großen Ja zu uns Sündern!*

Der um der Vergeltung des Unrechts willen Bestrafte wird am

Ende vielleicht erkennen, dass er schuldig geworden ist; der aus barmherziger Liebe – zu seinem künftigen Wohl und Heil! – Zurechtgewiesene aber wird dem *dankbar* sein, der ihm zurechtgeholfen hat.

Christen sind Menschen, die zu Gott in einem *ganz neuen Verhältnis* stehen: Jesus Christus hat alle ihre Sündenschuld durch sein Blut von ihnen abgewaschen (Kolosser 2,13; Offenbarung 1,5b). Er hat sie »*ein für allemal geheiligt*« (Hebräer 10,10) und sie in den Augen Gottes »*untadelig*« gemacht (Kolosser 1,22; 1. Korinther 1,8). *Christen sind Menschen, denen Gott um Jesu Christi willen nie mehr böse ist!* Was immer sie als Kinder von seiten ihrer Väter, Mütter und sonstigen Erzieher an Bestrafung erfahren haben: *vor ihrem himmlischen Vater sollen und müssen sie niemals Angst haben* (Römer 8,15). Gott will nicht unsere Angst, er will unser Vertrauen und unsere Liebe! »*Gott ist Liebe. Echte Liebe zu ihm kennt keine Angst! Seine Liebe zu uns vertreibt unsere Angst. Wer Angst hat und vor Strafen Gottes zittert, mit dem ist die Liebe Gottes noch nicht an ihr Ziel gekommen*« (aus 1. Johannes 4,16-18).

Auch wenn wir vom Weg gelingenden Lebens abgewichen sind, liebt Gott uns unvermindert mit *derselben* Liebe, liebt und bringt uns wieder zurecht, – weil er in seiner Liebe *treu* ist und sich in seiner Treue zu uns nicht verleugnen kann –, »*auch wenn wir untreu sind*« (2. Timotheus 2,13); – weil Gott Licht ist, in dem es keinen Schatten gibt (Jakobus 1,17b); – weil Gott in Jesus Christus ein *bedingungsloses, rückhaltloses Ja* zu uns Menschen gesagt hat und »*nicht ein Ja und ein Nein*« (2. Korinther 1,19f.).

Was immer Schuldgefühle uns auch glauben und befürchten machen wollen: *Gott will nicht unsere Angst, er will sie uns durch seine Liebe nehmen.* Allen Zweifeln daran stellt die Bibel daher die Gewissheit entgegen: »*Das ganze Ausmaß der göttli-*

*chen Liebe zeigt sich darin, dass wir dem Tag des Gerichtes Gottes ohne Angst entgegengehen können. Wer sich fürchtet und vor Strafe zittert, der beweist damit nur, dass er* (die) *wirkliche Liebe* (Gottes) *noch nicht erkennen gelernt hat«* (aus 1. Johannes 1,17f. nach der Übertragung aus *»Hoffnung für alle«*, Sonderausgabe 1991).

## B. Die Wiedergewinnung der eigenen Wertschätzung

Das Evangelium von der großen Liebe Gottes zu uns Menschen befreit nicht nur von der Angst vor göttlichen Strafen, es verhilft von Schuldgefühlen und Selbstverurteilungen entmutigten Menschen auch zur Wiedergewinnung einer gesunden Selbstachtung und eigenen Wertschätzung. *Drei Grundeinsichten* biblischer Anthropologie (Lehre vom Menschen) sind es, die zu einem vom Evangelium her begründeten Selbstbild, d.h. zu einer realistischen, gesunden und lebensfördernden Selbstwertschätzung führen:

1. Auch einem in seinem Leben noch so schuldig gewordenen Menschen gilt die biblische Zusage: Du hast einen bleibenden, unverlierbaren Wert! Du bist nicht irgendwer, kein zufälliges, unbedeutendes Massenprodukt vom Fließband bloßer Evolution! Du bist etwas ganz Besonderes: von Gott selbst persönlich gewollt, individuell geplant und zu seinem einmaligen, unverwechselbaren *Ebenbild* geschaffen! (vgl. 1. Mose 1,26; Psalm 139,13ff.). Kein anderer Mensch ist wie du. Der Schöpfer des Himmels und der Erde, der Architekt und Baumeister des ganzen Universums wollte und will nicht sein ohne dich! Deine Eltern

wollten ein Kind, aber Gott wollte und will *dich*! Du sollst wissen: von Gott her *bist* du wer und *bleibst* du wer: einzigartig, wertgeachtet, unendlich geliebt!

2. Die Bibel weiß nicht nur von dem hohen Adel des Menschen, sie spricht auch von unserem tiefen Fall, von unserem *Sündenfall* (1. Mose 3). Es gehört zur Nüchternheit und Unbestechlichkeit der biblischen Lehre vom Menschen, dass sie dem Menschen ebenso eindeutig und unverblümt sagt, dass er durch seinen Ungehorsam und sein Misstrauen gegen Gott abgrundtief gefallen und damit von sich aus rettungslos verloren ist: »*Alle sind von Gott abtrünnig geworden und allesamt verdorben. Da ist kein Mensch, der Gutes tut, auch nicht einer*« (Römer 3,12; vgl. 3,23; Jesaja 59,2).

3. Geradezu unglaublich scheint vor diesem dunklen Hintergrund die strahlend helle *dritte* Farbe, mit der die Bibel das Bild des Menschen zeichnet: sie mutet uns die unbegreifliche, unauslotbare Botschaft zu, dass wir *trotz* unserer abgrundtiefen Verlorenheit bedingungslos und grenzenlos von Gott geliebt sind und dass die Liebe, mit der er uns in Jesus Christus begegnet, die *Rettung* für uns ist – unsere *einzige* Rettung!

Wie ernüchternd, dass wir Menschen *Gottes* Maßstäben auch mit größten moralisch-religiösen Anstrengungen nie genügen können, sondern nach seinem Urteil bereits durch *einen einzigen* Makel für immer disqualifiziert sind (Jakobus 2,10). Selbst wenn es jemandem gelänge, alle *Ver*bote Gottes einzuhalten, so blieben darüber hinaus seine *Ge*bote: zum Beispiel Gott und unsere Mitmenschen von ganzem Herzen zu lieben, allezeit dankbar, geduldig, demütig und nie um etwas besorgt zu sein. Selbst in ihren »frommsten« Stunden könnte Gott *auch mit den vorbildlichsten Christen* keine Gemeinschaft haben, wenn er diese von der Forderung eines sündlosen Wohlverhaltens abhängig machen würde!

Welch eine Befreiung aber, welch ein Glück, welch ein Evangelium, dass uns die Bibel sagt: euer Heil und Wert hängen gar nicht von eurem tadellosen Wohlverhalten ab! Wertvoll und angesehen seid ihr bei Gott, weil er mit euch nicht nach *eurem* Tun und Verhalten *ab*rechnet, sondern euch den vollkommenen Gehorsam *Jesu Christi* zurechnet! *»Denn Gott hat den, der von keiner Sünde wusste, für uns zur Sünde gemacht, damit wir in ihm die Gerechtigkeit erlangten, die vor Gott gilt«* (2. Korinther 5, 21). Unsere Gerechtigkeit vor Gott ist also keine von uns verdiente, sondern eine uns von ihm aus Gnade geschenkte. Als uns von Gott zugeeignete ist sie unser reales Eigentum, – nicht als Eigenschaft in uns, sondern gleichsam als unsere »Außenschaft« (Helmut Thielicke): etwas, was wir nicht in uns selbst, sondern nur jenseits von uns: in Jesus Christus und im *Vertrauen auf ihn* haben! Dass Gott ihnen das Verdienst seines Sohnes an- und zurechnet, sie umkleidet sieht mit dem, was Jesus Christus für sie getan hat, *das* gibt Christen in seinen Augen ein bleibendes, unverlierbares Ansehen! *Christi Blut und Gerechtigkeit ist seiner Leute Herrlichkeit.*

Wer als schuldig gewordener und immer wieder neu schuldig werdender Mensch seine Selbstbeurteilung an diesem, von der Stellvertretung Jesu Christi bestimmten, Urteil *Gottes* über ihn orientiert, kommt zum Frieden mit sich selbst! Ein Christ darf nicht nur sein Tun und Leben, sondern auch sein *Selbstbild* von Gottes Liebe bestimmen lassen. Im Glauben an das, was Jesus für ihn getan hat, und aus diesem Glauben heraus darf er sich trotz seiner Fehler achten und wertschätzen, zu sich sagen: *durch Jesus Christus bin ich wer!* Mehr noch: im getrosten Vertrauen auf das, was Jesus für uns getan hat und noch tun will, hat er allen Grund, *viel, viel Hoffnung* für sich und seine Zukunft zu haben. Hat Jesus nicht versprochen, die, die ihm vertrauen, wachsen, reifen zu lassen und an sein Ziel zu bringen, – auch wenn sie noch so oft versagen?! (Vgl. Philipper 1,6; 1. Korinther 1,8.) Aus diesem *Glauben* heraus haben Christen allen Grund, aufrecht zu gehen: erhobenen Hauptes und Blickes, aber mit unten gehaltener Nase! Wie Jesus Sünde hasst, aber Sünder rückhaltlos liebt, so sollen sie ihre Unarten verachten, aber nie sich selbst als Person. Nicht einmal die sogenannte »große Sünderin« war Jesus bereit zu verachten (vgl. Johannes 8,1-10). Selbstverachtung und Selbsterniedrigung sind *keine christlichen* Tugenden, *sie sind ein Unrecht an dem, den Gott unbegreiflich liebt und wertschätzt!*

# C. Die Überwindung der Angst vor einem von Gott Abgewiesenwerden

In den bisher entfalteten Einsichten ist die biblische Antwort auf die dritte Form durch Schuldgefühle hervorgerufener Angst bereits implizit enthalten: Gott weist den, der durch Jesus Christus mit ihm versöhnt ist, *auch dann niemals ab,* wenn er gegenüber dem Willen Gottes schuldig wird! (Vgl. Römer 5,8-10) Zwar hat Jesus am Kreuz der Sünde noch nicht jede Macht, wohl aber ihre *Scheidemacht* genommen: *mit Gott Versöhnte kann sie nicht mehr von Gott trennen* (Römer 6,7; 8,38f.). Das dennoch von Christen im Anschluss an Erfahrungen des Schuldigwerdens zuweilen schmerzlich empfundene *Gefühl* des Abgewiesenseins stammt ebensowenig von Gott her wie die Angst, aufgrund einer Sünde Gottes Wohlwollen und Segen zu verlieren. Beide Empfindungen rühren vielmehr aus unseren auf Gott projizierten Erfahrungen mit Mitmenschen her: aus der Erfahrung, dass wir *Menschen* einander bisweilen nicht so lieben und annehmen, wie wir sind, sondern auf das Fehlverhalten des anderen mit Abweisung und Ressentiments reagieren.

– Dass Gott mich wegen eines sündigen Fehlverhaltens nicht verschmäht und von sich weist, heißt nun freilich *nicht*, dass ich eines von mir begangenen Vergehens nicht schuldig wäre. Auch eine noch so treffende *Erklärung der Herkunft* jener niemals von Gott her rührenden Schuld*ängste* kann keinesfalls die diesen Ängsten möglicherweise *auch* zugrundeliegende reale Schuld beseitigen. Die psychologische Aufhellung der Entstehung angstbesetzter, irregeleiteter und eben darum zu überwindender Schuld*gefühle* im Erleben von Christen kann und darf nicht darüber hinwegtäuschen, dass wir immer wieder neu am Gebot und Willen Gottes schuldig werden (vgl. 1. Johannes 1,8ff.). Und sie muss darüber hinaus der seelsorglich überaus bedeutsamen Tatsache Rechnung tragen, dass das Gotterleben eines Christen realen Schwankungen unterworfen ist. Wem bewusst wird, dass er Sünden begangen hat und darüber in seinem Gewissen betrübt ist, empfindet sein geistliches Leben – trotz allen »theologischen Durchblicks« – von Schuldgefühlen bisweilen wie von einem düsteren Schleier umhüllt, – meint, gleichsam unter einer dunklen Wolke zu leben. Er »erlebt« Gott mit einem Male anders: ferner, abwesender als zuvor, da er sich der *Gewissheit des Vergebenseins* seiner Sünden freuen konnte. Wenn Gott ihn aber nach wie vor mit derselben ungetrübten Liebe liebt, warum *erlebt* er seine Gottesbeziehung jetzt nicht mehr *un*getrübt?

In Anbetracht der voranstehenden Überlegungen kann die Antwort auf diese Frage nur lauten: weil die Sünde des Christen zwar nicht sein Gottes*verhältnis* aufheben, sehr wohl aber sein persönliches Gott*erleben* trüben kann! Sünde belastet nicht seine Gottesbeziehung, wohl aber sein Gewissen. Sie trennt einen durch Christus mit Gott versöhnten Menschen nicht mehr von

Gott, – es sei denn, er *wollte* sich bewusst von Gott trennen und lossagen, aber sie stört und verdunkelt sein geistliches Empfinden für Gott. Weil nun jede authentische christliche Gotteserfahrung durch den Heiligen Geist vermittelt ist, sind Christen aufgerufen, diesen göttlichen Geist nicht durch bewusste Sünde *»zu betrüben«* (Epheser 4,30; 1. Thessalonicher 5,19). Der Glaubende, der sich dessen dennoch schuldig macht, wird sich vor etwaigen göttlichen Vergeltungsmaßnahmen *vergeblich* ängstigen: die Liebe Gottes zu ihm bleibt unverändert, da sie grundlos liebt und an keinerlei zu erfüllende Voraussetzungen auf seiten des Menschen gebunden ist. Wohl aber sollte er sich klarmachen, dass er durch seine Sünde die Tür zur Gemeinschaft mit Gott von *seiner* Seite aus zugeschlagen hat, und dass es darum gilt, diese Tür wieder zu öffnen, damit die Liebe Gottes von ihm wieder ungetrübt *erlebt* werden kann! Wo dies nicht geschieht, bleibt der Liebe Gottes keine andere Wahl, als uns auf zuweilen auch *schweren* Wegen »heimzusuchen«, zurück in unser Zuhause am Vaterherzen Gottes zu lieben (vgl. Psalm 89, 31-34).

Daraus ergibt sich die abschließende Frage, wie Christen mit Schuldgefühlen und Empfindungen unbewältigter Schuld konkret *umgehen* sollten, um sie zu *bewältigen*. Ein Vierfaches ist vom Neuen Testament her auf diese Frage zu antworten:

1. Auf dem Hintergrund der voranstehend entfalteten biblisch-theologischen und psychologischen Einsichten ist es von elementarer, ja lebensfördernder Bedeutung, sich zunächst klarzumachen, *dass Gott nie unsere Angst will, sondern unser Vertrauen möchte.* Auch in seelsorglicher Hinsicht wird es ungeheuer wichtig und tröstlich zugleich sein, sich anhand seiner biblischen Zusagen immer neu zu vergegenwärtigen, dass Gott im Ringen um die Bewältigung von Schuld und Schuldgefühlen nicht unser Gegner, sondern unser *Freund und Bundesgenosse* ist: Jesus ist nicht unser Staatsanwalt, er ist unser göttlicher

*Rechts*anwalt (Römer 8,35; Hebräer 7,25), der je neu als unser *Fürsprecher* bei Gott für uns interveniert, wenn wir in Sünde geraten (1. Johannes 2,1)!

2. In betendem Aufblick zu Gott gilt es sodann zu klären, ob vorhandenen Schuldgefühlen wirkliche Sündenschuld oder nur eine Missachtung der Forderungen unseres Ichideals zugrunde liegt. Zum Beispiel wird es in aller Regel keine Sünde sein, ein erfolgloses Studium abzubrechen. Dennoch können sich nach einem solchen Entschluss bei *dem* leicht Schuldgefühle einstellen, der sich anklagt, durch diese Entscheidung die Wunschträume seiner Eltern zunichte gemacht zu haben. Die Bibel, gute geistliche Literatur und Freunde in solch einem Klärungsprozess zu Rate zu ziehen, wird sich als große Hilfe erweisen, die eigenen Gedanken- und Gefühlsknäuel zu entwirren und das eigene Innenleben neu zu ordnen.

3. Besonders häufig leiden gerade sehr gewissenhafte Christen unter der Erfahrung, dass sie irgendeine Sünde wieder und wieder begehen und auch trotz wiederholten Sündenbekenntnisses nicht von ihr loskommen: Da reibt sich vielleicht jemand immer neu an den charakterlichen Ecken und Kanten seines Arbeitskollegen; er verliert die Geduld und macht sich schuldig an ihm; er bekennt sich im Gebet zu seiner Schuld, aber erfährt keine Veränderung seiner Situation. – In solch einem Fall liegt die Annahme nahe, dass der Betreffende mit seinen Gebeten vor allem auf eine Befreiung von seinen Gewissensbissen abzielt, aber die tiefere Ursache der Konflikte und seines Schuldigwerdens noch gar nicht erkannt hat. Er wird seine Schuldgefühle kaum überwinden, solange er nur an den leidigen Symptomen herumkuriert, ohne den eigentlichen Erreger freizulegen, an dem er sich immer neu infiziert. Dies gelingt oftmals nur durch ein offenes, klärendes Gespräch mit dem betreffenden Arbeitskollegen und/oder einem Seelsorger.

4. Sobald ein Fehlverhalten klar erkannt, in seiner Ursache und seinem sündhaften Charakter identifiziert ist, gibt es nur einen Weg, die eingesehene belastende Schuld wie die mit ihr verbundenen Schuldgefühle wirklich zu bewältigen: Das ehrliche Bekenntnis der Schuld vor Gott im Gebet. *»Wenn wir unsere Sünden bekennen, so ist Gott treu und gerecht, dass er uns unsere Sünden vergibt und uns reinigt von aller Ungerechtigkeit«* (1. Johannes 1,9). Ein solches Sündenbekenntnis dient – wie wir gesehen haben – *nicht* der Abwendung etwaiger von seiten Gottes drohender Vergeltungsstrafen! Es ist vielmehr der dem Schuldiggewordenen vom Evangelium gewiesene Weg, sich von seiner Sünde zu *distanzieren*, die Übereinstimmung seines Lebens mit dem guten Willen Gottes wiederherzustellen und auf den von diesem angezeigten Weg gelingenden Lebens zurückzukehren. Theologisch genaugenommen geht es dabei auch nicht darum, dass Gott durch ein Sündenbekenntnis zum Geschenk der Vergebung erst *bewegt* werden müsste, sondern um die je neue Annahme und Inanspruchnahme der bereits ein für allemal *geschehenen* Vergebung! (Beachten wir, dass die zuletzt zitierte biblische Zusage nicht mit einem »weil« – griechisch: »hoti« –, sondern mit einem »[immer] wenn« – griechisch: »ean« – eingeleitet wird!) *Es gibt keine auf unserer Seite und aus uns heraus in unserem Christenleben erst zu erbringende Voraussetzung für Gottes Vergebung, – seine Vergebung ist vielmehr die Voraussetzung unseres Christenlebens!* Anders gewendet: Christen *gehören* als Kinder Gottes durch ihre Wiedergeburt bereits zur Familie Gottes; eine *erneute* Annahme der Sündenvergebung bedeutet »nur« eine je neue *Bestätigung, Manifestation* dieser Zugehörigkeit!

Wo wir diese von seiten Gottes im Versöhnungswerk Jesu längst *gewährte* (vgl. 2. Korinther 5,19) Vergebung nicht in unserem persönlichen Leben je neu in Anspruch nehmen, »ratifizieren« und wirksam werden lassen, *steuern wir unweigerlich ins*

*Leiden* (Psalm 32,3)! Wer seine ihm bewusste Sünde nicht vor Gott *aus*spricht und sich dadurch willentlich von ihr distanziert, sondern sie bei sich festhält, verliert zwar nicht Gottes Liebe, aber er läuft Gefahr, dass die Diskrepanz zwischen Gottes Liebes- und Treuezusagen einerseits und seinem eigenen Verhalten Gott gegenüber andererseits mit der Zeit so groß wird, dass er der Liebe Gottes am Ende nicht mehr *glauben* und sich ihrer nicht mehr *freuen kann.* Wer es ehrlich meint mit seinem Christsein, wird daher mit der Sünde nicht leichtfertig spielen. Vielmehr wird sein Verhalten der Sünde gegenüber der Reaktion eines gesunden Auges gleichen: Niemand kann verhindern, dass ihm zuweilen ein Schmutzpartikel ins Auge fliegt; aber ein gesundes Auge wird sich mit diesem Fremdkörper nicht einfach abfinden, sondern daran leiden. Es wird zu tränen beginnen, bis es des Schmutzteilchens auf diese Weise ledig geworden ist. Auch wenn dem Auge solches an einem einzigen Tage zehnmal wiederfährt – es wird sich mit Schmutzpartikeln niemals abfinden und anfreunden!

Die immer neu in Anspruch genommene und von Gott verheißene Vergebung ist der einzige und zugleich der »Königsweg«, Befreiung von dem Fremdkörper Sünde zu erfahren und aus dem Bannkreis von Schuld und Schuldgefühlen herauszukommen. Ohne Vergebung der Schuld gibt es keine Befreiung von der Schuld, da sich ein an einem anderen Schuldiggewordener *niemals selbst entschuld(ig)en kann*, sondern auf die Entschuld(ig)ung dessen angewiesen ist, dem gegenüber er schuldig geworden ist. Da nun jedes Schuldigwerden immer auch und vor allem ein Ins-Soll-Geraten *Gott* gegenüber ist, gibt es keine Entschuldung ohne Gottes Vergebung der Schuld! Die Erfahrung dieser Vergebung ermöglicht es uns, ohne die wahnwitzige Selbstgerechtigkeit vermeindlich sündlosen Perfektseins und trotz aller Rückschläge mit unserer – von Gott vergebenen, aber gleichwohl nicht ungeschehen zu machenden – Schuld zu *leben*. Gottes Schuldvergebung erfolgt nicht erst da, wo wir die Sünde hinter uns gelassen haben, sondern bewirkt, dass wir sie je neu unter uns lassen und *inmitten unseres lebenslangen Sünder-Bleibens mit Gott und mit uns selbst Frieden haben!* »Frieden« meint die tiefe, inneren Frieden schaffende Gewissheit: in Jesus Christus bin ich von Gott voraussetzungslos und brutto geliebt; seine Liebe gilt *mir an sich*, unabhängig von meinem Verhalten. Ich muss nicht erst wer werden, sondern darf sein, wer ich bin – und muss doch nicht *bleiben*, wer ich bin. Jesu Liebe bejaht uns, wie wir sind und vergibt uns, was wir *noch nicht* sind. Gerade dadurch lässt sie uns nicht, wie wir sind, sondern verändert uns: so, dass wir auch von uns aus immer mehr werden *wollen*, was wir von Gott her sein und werden sollen. Eben darin zeigt und bewährt sich, dass Jesus ein Feind der Sünde, aber ein Freund der Sünder – und: dass er *wirk*lich der *Heilbringer* für *wirkliche* Sünder ist.

(Die Geschichte des oben erwähnten amerikanischen Luftwaffenmajors und einige hilfreiche Impulse zum Thema verdanke ich dem empfehlenswerten Buch von Bruce Narramore und Bill Counts: Befreit von Depression und Schuldgefühl, Verlag Hermann Schulte, Wetzlar 1976.)

# 2

# Hiob – oder die Frage: Wie komme ich mit einem Gott zurecht, den ich »nicht mehr verstehen« kann?

## 1. Wer ist Gott – angesichts der dunklen Nachtseite unseres Daseins?

Gottes bedingungslose Liebe, Vergebung und Treue kamen im vorangehenden Kapitel zur Sprache, und gewiss ist vom »liebenden, vergebenden, segnenden Gott« zu Recht auch in Theologie, christlichen Kirchen und Gemeinden *oft* die Rede. Aber spricht die Bibel als Zeugnis der Offenbarung Gottes nicht auch – viel häufiger als wir heute! – davon, dass man Gott auch als unbegreiflichen, ja sogar als *»schrecklichen«* Gott erfahren kann? (vgl. z. B. 2. Mose 15,11; 5. Mose 7,21; 10,17; Römer 11,33f.; Hiob 11,7f; Psalm 76,8; 147,5) Könnte der zunehmende öffentlich-gesellschaftliche Bedeutungsverlust der christlichen Verkündigung nicht durch die Erfahrung mitverursacht sein, dass ein allzu einseitiges, nur von Liebe und Güte geprägtes Gottesbild der erlebten Realität nicht standhält, ja früher oder später an unserer »rauen Lebenswirklichkeit« zerbricht und ungezählten Menschen bereits zerbrochen ist? Gibt es einen Glauben, an dem gerade unser Jahrhundert gründlicher *irre* geworden ist als den an den sogenannten »lieben Gott«? Kaum etwas scheint vielen Millionen Menschen in den ungezählten Kriegen, Krisen und Katastrophen unseres Säkulums so zweifelhaft geworden zu sein wie jener immer nur gnädige, harmlose, nachsichtige und darum auch allzu durchsichtige »gute Vater überm Sternenzelt«. Ob man an Auschwitz, Hiroshima oder Tschernobyl, an die entsetzliche Zahl von Katastrophen, Gewaltanschlägen und Kindesmisshandlungen denkt, – ist unser Jahrhundert nicht gekennzeichnet durch eine unbegreifliche Eskalation des Leidens und des Bösen, die mit dem Walten eines »lieben Gottes«, den wir begreifen können, einfach nicht mehr in Einklang zu bringen ist?! Die täglichen Bilder von gefolterten, verhungernden, verunglückten Menschen in aller Welt und auch manche Leiderfahrungen im eigenen Leben passen nicht zu einem einfarbig in rosa gezeichneten Gottesbild; und eine Mutter, die unter Tränen am Bett ihres dahinsiechenden, vom Krebs entstellten Kindes aushält, wird wohl auch kaum glauben können, dass das »zu ihrem Besten« geschieht.

Freilich gab und gibt es immer wieder Versuche, die angesichts der Nachtseite des Weltseins aufbrechenden Zweifel an Gottes Güte theologisch oder philosophisch  durch einen sogenannten *Dualismus* zu beantworten (– durch eine Deutung der Wirklichkeit, die unsere zwiespältigen Daseinserfahrungen mittels *zweier entgegengesetzter,* unsere Realität bestimmender Kräfte zu erklären versucht). Aber ist es biblisch-theologisch legitim, die Schönheit der Schöpfung und alles Gute für *Gott* zu reklamieren, Gott aber aus allem Kriegsgeschehen, Übel und Elend in der Welt durch den Hinweis auf seinen bösen Gegenspieler einfach herauszuhalten? Käme Gott nicht eine erhebliche Mitschuld zu, wenn er seinem bösen Kontrahenten soviel Böses *zulässt?* Ist Gott in allem Unheilsgeschehen dieser Welt denn etwa nur ohnmächtiger Zuschauer oder widerwilliger Zulasser von Geschehen, die er eigentlich nicht will und doch nicht verhindern kann oder will? Lassen Erfahrungen der unsäglichen Schattenseite unseres Daseins nicht etwas ahnen von der Rätselhaftigkeit, der Unbegreiflichkeit und der in der Bibel bezeugten Tiefendimension des *Geheimnisses* Gottes? Nötigen sie nicht dazu, erneut zu fragen: Wer *ist* eigentlich Gott? Wer ist Gott *wirklich?* Wie passen die biblischen Zeugnisse von Gottes weiser, gütiger und allmächtiger Weltregierung denn zu der erfahrenen Realität unseres Lebens?

Eben diesen Fragen soll im Folgenden anhand eines der bedeutendsten und dramatischsten Werke der gesamten Weltliteratur nachgegangen werden: anhand des biblischen Buches *Hiob.* Einführend zuvor einige Zitate aus dem Schlussteil dieses Dramas:

*»Und Hiob antwortete Gott: Ich habe erkannt, dass du alles vermagst, und nichts, was du dir vorgenommen hast, ist für dich unausführbar. Du, Gott, fragst mich: Wer bist du Mensch, dass du so ohne Einsicht meinem Tun den Sinn absprichst und das Recht?!«*

*»Ja, im Unverstand habe ich geredet – von Dingen, die mir zu hoch und zu wunderbar sind. Nur vom Hörensagen hatte ich von dir gehört, aber nun hat mein Auge dich gesehen. Darum bekenne ich mich schuldig und bereue in Staub und Asche.«* (Hiob 42,1-3; 5f.)

Das Hiobbuch enthält das Zeugnis eines Gotterlebens, das in den Fragen unserer Zeit immer größere Bedeutung zu gewinnen verspricht. Denn es weiß wohl auch von der *Liebe* Gottes, aber ebenso, dass diese Liebe ein *unbegreifliches Wunder* ist, nicht verrechenbar, nicht rationabel, und dass der wirkliche Gott in der Rede vom »lieben Gott« bei weitem nicht aufgeht. *Wer ist Gott?* und: *Wie kann ein Mensch festhalten an einem Gott, den er nicht mehr verstehen kann?* – das sind die beiden letzten, fundamentalen Fragen, die das Hiobbuch stellt und in dem dramatischen Leben und Gotterleben des Menschen Hiob durchbuchstabiert.

## 2. Wer ist der Mensch?
## Was ist das Motiv
## seines Gottesglaubens?

Hiob ist kein sündloser oder heroischer Übermensch, wohl aber ein ungewöhnlich gottesfürchtiger, rechtschaffener, (im guten Sinne) frommer Mensch. Mehr noch: nach Gottes eigenem Urteil ist er der rechtschaffenste, redlichste und gottesfürchtigste aller Menschen überhaupt, gibt es seinesgleichen nicht noch einmal auf Erden (Hiob 1,8). – Nur: Hiob fällt es nicht schwer, fromm zu sein, denn er ist gesund, reich und rundherum glücklich. Seine Frömmigkeit *lohnt* sich offensichtlich für ihn, sie zahlt sich in Glück und Segen aus!

Könnte es nicht sein, – so hält der Satan Gott im Prolog des Dramas vor, dass Hiob nur wegen dieses Lohnes fromm und sein Gottesdienst im Letzten schnöder Egoismus ist?! – Keine von Gott gestellte (!), wohl aber eine in Gottes Ohr zulässige Frage, die nach Antwort verlangt und die andere nach der *Bewährung* der Frömmigkeit Hiobs heraufbeschwört. Zugleich eine wahrhaft abgründige, diabolische Frage, denn in ihr geht es nicht nur um den einzelnen Menschen Hiob, – mit ihr steht der Gottesglaube des *Menschen schlechthin* auf dem Spiel: Wenn schon der Glaube dieses besten aller Menschen in seiner Wurzel selbstsüchtig, unlauter, nur auf den eigenen Vorteil bedacht ist, dann ist es folgerichtig der Glaube aller übrigen erst recht! Ist der gottgläubige Mensch im Grunde seines Wesen, – d. h. in seiner Gottesbeziehung –, insgeheim nur ein schnöder Egoist? Glaubt er vielleicht nur, weil und solange er mit einer lohnenden Rückvergütung für sich rechnen kann, – weil und solange Gott *so* handelt, wie es den eigennützigen Wünschen, Vorstellungen und Maßstäben des Glaubenden entspricht? – In diesen Fragen des Hiobdramas geht es um nicht weniger, als um das *letzte geheime Motiv menschlicher Gottesbeziehung überhaupt* – und zugleich um die *Gottheit Gottes:* Was wäre Gott für ein Gott, wenn er den Menschen nur solange auf seiner Seite halten könnte, wie er sich den Wünschen und Vorstellungen seines Geschöpfes gemäß verhält?! Muss er sich etwa die Verehrung, den Respekt und Gehorsam seines menschlichen Gegenübers durch Lohn erkaufen? Bleibt der höchsten überhaupt denk- und vorstellbaren Instanz nur die erbärmliche Rolle eines bloßen Erfüllungsgehilfen menschlicher Sehnsüchte? Und ist die Gottesverehrung des Menschen im letzten nur schnöde Prostitution: Selbsthingabe für Lohn?

# 3. Hiobs Glaube im Feuer der Echtheitsprüfung

Im Leben Hiobs sollen diese Fragen nun gleichsam exemplarisch durchbuchstabiert und entschieden werden. Nicht durch ein autoritäres, die Antwort manipulierendes oder vorwegnehmendes Machtwort Gottes, – über Wahrheit kann nur in *Freiheit* entschieden werden! –, sondern von dem, dessen Glaube hier gefährlich in Frage gestellt ist: von dem Menschen Hiob. Das heißt in der Konsequenz: dieser Gottesfürchtige muss für seinen Glauben eine Echtheitsprüfung ablegen, muss in ein kaum vorstellbares Prüfungsleiden hinein, das das letzte Motiv seines Glaubens zutage fördern soll.

So nimmt das »Schicksal«, d. h. das ihm von Gott geschickte Geschick Hiobs seinen Lauf (Kap. 1,13ff.), – ohne dass Hiob selbst von dessen Bedeutung die geringste Ahnung hätte! Innerhalb weniger Stunden erreicht ihn eine »Hiobsbotschaft« nach der anderen: Feindliche Nomaden fallen ins Land ein, rauben ihm seine Kamele und Rinderherden und töten seine Knechte; in einem Steppenbrand kommen seine Schafherden mit samt den Hirten um. Hiob verliert seinen gesamten Besitz und seine zehn Kinder: ein Sturmwind begräbt sie unter den Trümmern seines einstürzenden Hauses. In unvorstellbarer Härte prasselt das Unheil nur so auf ihn herab, und der eben noch so reiche und glückliche Beduinenfürst tut, was für einen Menschen seiner Zeit Zeichen äußersten Schmerzes und tiefster Trauer ist: Er zerreißt seine Kleider. Die an ihm herunterhängenden Kleiderfetzen stehen als äußeres Zeichen dafür, wie es in seinem Inneren bestellt ist: da ist alles zerrissen, da ist nichts mehr ganz! – Und doch schier unbegreiflich: Auch über dem Zusammenbruch seiner gesamten bisherigen Existenz geht Hiob vor Gott nicht auf die Barrikaden. Nein, leidgeprüft, gebeugt vor Trauer und Weh hält Hiob an seinem Gottvertrauen fest, fällt auf seine Knie und betet an: »*Nackt bin ich aus meiner Mutter Leibe gekommen, nackt werde ich wieder dahinfahren. Der Herr hat's gegeben, der Herr hat's genommen; der Name des Herrn sei gelobt!*« (Kap. 1,21). Und der darauf folgende biblische Kommentar: »*In alledem sündigte Hiob nicht und legte Gott nichts Anstößiges zur Last*« (Kap.1,22).

– Eine Wahrheit, die mir nicht recht schmecken und der ich doch auf Dauer nicht ausweichen will und kann: dass ich

Mensch auch unter der teuersten Garderobe nackt bleibe, meine Existenz zuletzt nicht mir selbst verdanke und mir darum im Letzten auch nicht selbst gehöre. In Anbetracht unseres Geschöpfseins hat niemand von uns einen Anspruch auf Reichtum und Wohlergehen, auf gesunde und begabte Kinder. Ich kann Gott nicht zur Rechenschaft ziehen, wenn er von mir wieder zu sich zurücknimmt, was er mir zuvor auf Zeit geliehen hat. *»Wer will zu ihm sagen: Was tust du da?«* (Kap. 9,12b). – Kein Seiendes im All, das sein Sein nicht ihm verdankt, das er nicht sein *lässt!* Ob mir bewusst ist, mit wem ich es zu tun habe, wessen Name ich nenne, wenn ich »Gott« sage, und warum er in der Bibel »der Herr« genannt wird?!

Statt seine Faust gen Himmel zu ballen, öffnet Hiob seine Hand und stellt – lobend! – sein Hab und Gut dem Willen dessen anheim, von dem sein Glaube zuvor alles herkommen sah. Ob er gewusst hat, dass *es die höchste Daseinsbestimmung und der letzte Sinn alles Geschaffenen* ist, dem Lobe des allmächtigen, ewigen Gottes zu dienen (vgl. Eph.1,12b)? – Gewiss, wir haben erfahren, dass wir Hiobs Gotteslob in den Krisenzeiten unseres Lebens nicht einfach nachsprechen können, dass es uns zuweilen im Halse stecken bleibt. Dennoch spricht uns die Bibel dieses Gotteslob Hiobs vor, wie eine Mutter ihrem Kind einen schwer auszusprechenden Satz *vor*spricht, damit wir ihn nachsprechen lernen: Wort für Wort, zunächst vielleicht ganz zaghaft und doch mit der Zeit immer mutiger. Denn daran lässt die Bibel auch im Hiobdrama keinen Zweifel: *Was auch immer geschieht: das darf niemals aufhören in unserem Leben, dass Gott als Gott anerkannt, bekannt und gelobt wird!* (Vgl. Psalm 73,26; 42,6.)

Wie aber ist es um das Gotteslob von uns Menschen bestellt? Ist es wenigstens bei diesem besten Vertreter unseres Geschlechts echt und ehrlich motiviert, oder arrangiert sich Hiob insgeheim nur deshalb mit Gott, weil er fürchtet, anderenfalls auch sein letztes und höchstes irdisches Gut noch zu verlieren? Gibt der Mensch nicht *alles* für seine *Gesundheit* und sein *Leben*?! »*Gott, taste sein Gebein und sein Fleisch an, und Hiob wird dir ins Angesicht fluchen und sich von dir lossagen*«, wettet daher der Satan (Kap. 2,5). Und auch auf dieses zweite Argument diabolischen Zweifels *geht* Gott *ein* (!) und lässt seinen besten und treusten Gefolgsmann mit Aussatz schlagen – von der Fußsohle bis zum Scheitel. In der Asche seines verbrannten Hauses sitzt Hiob kurze Zeit später und schabt sich mit einer Tonscherbe die wehe, entstellte Haut (Kap. 2,8). Nicht nur eine todbringende Krankheit trägt er damit jetzt an seinem Leibe: nach den herrschenden religiösen Anschauungen seiner Zeit trägt er mit dem Aussatz auch den Stempel des von Gott *Verworfenseins*. Von einem Aussätzigen hatten sich religiös beflissene Menschen abzuwenden!

Damit ist ihm auch das letzte etwaige egoistische Motiv seiner Frömmigkeit genommen: Hiob ist nun geradezu *herauspräpariert* aus allen Bindungen an Werte, die dem Leben eines Menschen normalerweise Halt, Perspektive und Sinn geben. Jedes noch so hauchdünne Band zwischen ihm und dem Glück scheint nun durchgeschnitten – und das alles ohne dass er wüsste warum! Auch die letzte ihm noch verbliebene menschliche Liebe und Treue wird ihm in diesem Dunkel gekündigt: »*Hältst du noch immer an deiner Frömmigkeit fest? Sage Gott ab und stirb!*«, rät ihm seine eigene Frau (Kap. 2,9)! Doch in einem kaum vorstellbaren Gottvertrauen ergibt sich Hiob ein zweites Mal in den ihm unbegreiflichen Willen Gottes und klammert sich an die ihm (noch als Frage) gebliebene Gewissheit: »*Das Gute nehmen wir von Gott an – und das Böse sollten wir nicht von ihm annehmen?!*« (Kap. 2,10). – Ob Gott nicht erst von dem als *Gott* erkannt ist, der bereit ist, *alles* aus seiner Hand anzunehmen: Angenehmes *und* Schweres, Gesundheit *und* Krankheit, Leben *und*

Tod? Was kann einen solchen Glauben noch von Gott trennen?!
Erneut wird Hiob im anschließenden Kommentar bescheinigt:
*»In diesem allen versündigte sich Hiob nicht mit seinen Lippen«*
(Kap. 2,10b).

## 4. Hiobs Prozess gegen Gott

Doch auch mit dieser zweiten schweren Glaubensbewährung hat Hiob die Echtheitsprüfung der Motive seiner Gottesbeziehung noch nicht bestanden. Das Schwerste kommt erst noch: Das Leiden dauert! Sieben Tage und sieben Nächte trägt er wortlos seinen großen Schmerz, vom Aussatz so entstellt, dass ihn seine Freunde zunächst nicht mehr *wiedererkennen* (Kap. 2,12). Doch Hiob kann nicht heraus aus seiner wehen Haut, die Qual dauert an, und im Hintergrund grinst der Satan überlegen mit der »Sanduhr in der Hand« (H. Thielicke): gespannt, wann das Menschenmögliche dieses Leidens überschritten sein, Hiob von Gott abfallen und er die Wette gewonnen haben würde. Dann starrt diesen Aussätzigen die nackte Sinnlosigkeit an: Er sieht nur noch Asche und fühlt nur noch brennende Schwären. Sein Leben wird Hiob buchstäblich *verleidet,* – ohne dass er eine Ahnung hätte warum und ohne dass er ein *Ende* dieses Leidens absehen könnte! Hat er bisher an dem ihm zunehmend unbegreiflicher erscheinenden Gott lobend festgehalten, so wird dieses Gotteslob von der Dauer und dem Grad seines Leidens jetzt geradezu aufgezehrt. Die Grenze des Menschenmöglichen scheint nun überschritten:  Hiobs Lob schlägt um in die *Klage.* Wie ein Vulkan ausbricht, so brechen jetzt die Klagen aus ihm heraus:

*»Ausgelöscht sei der Tag, an dem ich geboren bin, und die Nacht, da man sprach: Ein Junge kam zur Welt! ...Warum bin ich nicht gestorben bei meiner Geburt? ...Dann läge ich im Grabe und wäre still, dann schliefe ich und hätte Ruhe!«* (Kap. 3,3; 3,11; 3,13)

*»Dass mich Gott doch erschlagen wollte und seine Hand ausstreckte und mir den Lebensfaden abschnitte!«* (Kap. 6,9)

*»(Gott,) Hör endlich auf und lass ab von mir, dass es mir nur ein wenig bessergehe, ehe denn ich hingehe den Weg, den ich nicht wiederkehre«* (Kap. 10,20f.).

*»Mein Innerstes siedet und hört nicht auf... Meine Haut fällt schwarz von mir ab und meine Gebeine brennen vor Glut«* (Kap. 30,27; 30,30).

Das sind nicht die Ausrufe eines Menschen, der mit dieser oder jener rätselhaften Not in seinem Leben nicht mehr fertig wird, sondern die gellenden Schreie eines Angefochtenen, dem sein Leben selbst zu einer furchtbaren Qual geworden ist. Schreie, die auch heute noch aus schmerzgeprüften Kehlen zum Himmel hinaufgeschrien werden: Womit habe ich das verdient? Was habe ich getan, das solches Leiden rechtfertigt? Warum gerade ich?

Hiob klagt, klagt erschütternd, aber er klagt zu Gott! – *Die Klage ist die Verbindung zu Gott aus der Tiefe.* Sie ist gleichsam die letzte Brücke, die Hiob in seiner Not und Verzweiflung noch zu Gott findet. Nur mittels der Klage kann er noch festhalten an einem Gott, dessen Handeln er nicht mehr im Geringsten verstehen kann. Seine Klagen sind Schreie tiefster, letzter Verzweiflung aus einem bodenlos erscheinenden Abgrund des Leids, – aber eben doch Schreie *zu Gott*, Ausrufe einer nur noch als Klage aussprechbaren *Hoffnung des Glaubens*, dass Gott diese Anrufe *hört*, dass die hinausgeschriene Not bei Gott ein Ohr findet und dass er dem Klagenden zu seinem Recht verhilft.

Und doch ist auch die Klage noch nicht die letzte Antwort des Hiobdramas auf die Frage, wie denn der Mensch festhalten kann an einem Gott, den er einfach nicht mehr verstehen kann. Hiob muss in ein *noch tieferes* Dunkel des Leids und der Leidensprüfung hinein. Auch seine letzte Hoffnung, wenigstens mit seinen Klagen bei Gott Gehör zu finden, Antwort von ihm zu bekommen, erlischt: Gott antwortet dem Klagenden nicht! Hiob klagt, aber eine Antwort Gottes auf seine Klagen bleibt aus (Kap. 19,7; 30,20)! Auch die allerletzte Verzweiflung bleibt ihm nicht erspart: die Hölle schmerzlichst empfundener *Gottesferne*.

Mit *diesem,* in völliges Schweigen gehüllten, ihn offensichtlich von sich stoßenden Gott kommt Hiob nicht mehr zurecht. Als sein Feind erscheint ihm dieser Gott, als ein wütender, despotischer, grausamer Feind: *»Ich bin unschuldig! ... Aber du willst, dass ich schuldig bin! Und wenn ich mich in Schnee und Lauge weiß wüsche, so würdest du mich doch wieder in den Schlamm tauchen«* (Kap. 9,21; 9,29-31). *»Ja, jetzt hat er mich mürbe gemacht und alles zerstört, was um mich ist ... Sein Grimm hat mich zerissen, er feindet mich an. Er knirscht mit den Zähnen gegen mich, als mein Feind funkelt er mich mit seinen Augen an ... Du hast mich zu deiner Zielscheibe gemacht; erbarmungslos durchbohrst du mit deinen Pfeilen mein Innerstes«* (Kap. 16,7-9; 16,12f.).

An wen aber in aller Welt kann sich ein Mensch, dessen Glaube *Gott verloren* hat, am Abgrund dunkelster Gottverlassenheit noch *halten?* – Ein in seiner Tiefe kaum noch beschreibbarer *Kampf* entbrennt nun im Inneren dieses Mannes. Hiob tut etwas schier Unbegreifliches, tut den paradoxesten Schritt, den der Gottesglaube eines Menschen überhaupt tun kann: Hiob wendet sich *von Gott ab* – *zu Gott hin!* Er lässt all seine Zweifel, seine Verbitterung und Ressentiments fahren, bleibt bei seinen unbegreiflichen Erfahrungen nicht stehen, sondern kehrt sich von dem ihm nicht mehr verstehbaren Gott ab und hängt sich in ungeschütztem, rückhaltlos sein Letztes wagenden Vertrauen an *den* Gott, von dem er nach wie vor partout nicht glauben *will* und *kann,* dass er sein Feind ist. *Der Mensch Hiob ruft Gott gegen Gott ins Feld!* Er appelliert an Gott, seinen Freund, dass dieser ihm zu seinem Recht verhelfe gegen den Gott, den er als seinen Feind erlebt. – Er bittet Gott, *Schiedsrichter* zu sein zwischen ihm und *Gott:* »*Sei du selbst, vor dir mein Bürge! Wer kann mich sonst vertreten?!*« (Kap.17,3). Bei wem könnte der Mensch *sonst* Zuflucht suchen *vor Gott,* wenn nicht bei *Gott?!*

– Freilich weiß auch das Hiobdrama, dass grundsätzlich kein Mensch vor Gott fehler- und sündlos ist (Kap. 4,17; 9,1), aber es hält daran fest, dass Hiob keine Schuld auf sich geladen hat, die ein *solches Maß* des Leidens rechtfertigen könnte. Hiobs Glaube flieht daher vor dem unbegreiflichen, maßlos ungerecht erscheinenden Gott seiner Erfahrung zu dem Gott, der – als *Gott – größer* sein muss als seine Gottes*erfahrung* und hält nach dessen Offenbarung Ausschau. Während einerseits nun die Kluft zwischen Hiob und dem von ihm als fremd, ja als grausam empfundenen Gott immer tiefer wird, drängt sein Glaube andererseits immer leidenschaftlicher zu Gott hin. Es keimt die Gewissheit in ihm auf, dass es seiner ganzen Erfahrung zum Trotz im Himmel einen Gott gibt, der ihm zu seinem Recht verhelfen wird: »*Siehe, auch jetzt noch ist mein Zeuge im Himmel, – mein Fürsprecher, mein Anwalt in der Höhe. Meine Freunde verspotten mich; mein Auge tränt zu Gott, dass er Recht verschaffe einem Mann bei Gott, einem Menschenkind vor seinen Freunden*« (Kap. 16,19-21). Dieser himmlische göttliche Rechtsanwalt wird mich vor Gott vertreten, so glaubt Hiob. Auch wenn ich sterben müsste, wird dieser Anwalt das letzte Wort behalten, wird noch über meinem Grabe auftreten und meine Sache zu einem gerechten Ausgang bringen:

– Im Abgrund eines Leidens an Gott, das seinesgleichen sucht, erreicht dieser Glaubende, der weder einen Karfreitag kennt, noch am Ostermorgen das leere Grab gesehen hat, die höchste Gewissheit, die der Gottesglaube eines Menschen überhaupt erlangen kann: *»Doch ich weiß, dass mein Erlöser lebt! Als der Letzte wird er sich über dem Staub erheben. Und ist meine Haut noch so zerschlagen und mein Leib zerschunden, so werde ich doch ihn, Gott, sehen. Ich selbst werde ihn sehen, meine Augen werden ihn schauen, nicht als einen Fremden. Danach sehnt sich mein Herz in meiner Brust – danach allein!«* (Kap. 19,25-27) Welch eine Tiefe des Glaubens, welch eine Höhe der Glaubensgewissheit! Und vor allem: diesem Menschen Hiob, der keine Sekunde mehr ohne irrsinnige äußere und innere Schmerzen erlebt, geht es in seinem Bekenntnis mit keinem Wort um die Linderung seiner Qualen oder die Wiedergewinnung eines gesunden, glücklichen Erdenlebens, sondern nur noch um Gott, um Gott allein!

Das Neue Testament bezeugt diesen göttlichen Fürsprecher später als den, der seine Leute vor Gott vertritt mit unaussprechlichem Seufzen, *»allezeit für sie lebt und bittet«* und *»die ganz und gar zu retten vermag, die durch ihn zu Gott kommen«* (Hebräer 7,25). Nicht durch eigene geistliche Klimmzüge werden sie aus ihren Zweifeln und Anfechtungen befreit, sondern dadurch, dass dieser göttliche Anwalt sie selbst vertritt und zurückbringt in den Frieden mit dem ihnen zuweilen rätselhaft und unbegreiflich erscheinenden Gott. *»Er ist unser Friede!«* (Epheser 2,14). Erst das Neue Testament nennt den *Namen* dieses Fürsprechers bei Gott, damit ihn fortan *jeder (!) anrufen und finden* kann. (Vgl. Apostelgeschichte 4,10ff.)

Eben das unterscheidet Menschen, die Jesus Christus kennen, grundlegend von Hiob: Er konnte diesen himmlischen Anwalt nicht finden, kannte seinen Namen noch nicht: *»Ach dass ich wüsste, wie ich ihn finden und zu seinem Thron kommen könn-*

*te! ...Gehe ich nach vorn, so ist er nicht da, gehe ich zurück, so bemerke ich ihn nicht. Ich gehe nach links und schaue ihn nicht, und ich gehe nach rechts und sehe ihn auch dort nicht.«* (Kap. 23,2; 23,8f.). Welch eine Tragik: Hiob weiß um den, der ihn aus seinen Qualen allein erlösen könnte und findet doch keinen Zugang zu ihm. Die Tür zum Frieden mit dem ihm unbegreiflichen Gott bleibt ihm verschlossen! So ist es denn auch kein Wunder, dass die Erfahrung der Vergeblichkeit seiner Suche nach diesem Erlöser Hiobs ganze Verzweiflung erneut aufflammen lässt. Noch einmal schreit er seine unerträgliche äußere und innere Qual zum Himmel hinauf, und dabei werden seine Klagen zu *Anklagen* (Kap. 31): *Gott, ich bin unschuldig! Nichts habe ich mir zu Schulden kommen lassen, das ein solches Schicksal rechtfertigen könnte! Zu Unrecht hast du mir ein solches Leidensmaß auferlegt!*

In seinen letzten Worten ruft Hiob schließlich hinaus: »*Ach, dass ich doch einen hätte, der mich hörte! Dies ist mein letztes Wort, meine Unterschrift. Jetzt antworte mir Gott der Allmächtige. Er zeige mir die Anklageschrift meines Verklägers!*«(Kap. 31, 35). Mit einem heiligen Eid fordert Hiob Gott zum Rechtsstreit heraus. Rede und Antwort soll der Allmächtige ihm stehen, die Ungerechtigkeit seines Leidensschicksales vor ihm verantworten. Und dann erlebt Hiob, was die Bibel an anderer Stelle bezeugt: dass Gott sich tatsächlich *finden* lässt von jedem, der ihn von ganzem Herzen sucht (Jeremia 29,13f.)! Hiob bekommt, was er von Gott gefordert hat, wenn auch auf eine ganz andere Weise, als er sich das vorgestellt hat (Kap. 38f.).

# 5. Hiobs entscheidende Begegnung mit Gott

Gott erscheint seinem menschlichen Herausforderer in einem Unwetter, ergreift aus dem Wetter heraus jetzt selbst das Wort: Gürte dich zum Kampf!, ruft ihm der Allmächtige zu. Wo warst du, als ich die Welt erschuf? Sag an, du bist doch so klug. Wer hält denn das All in seinem Gleichgewicht, die Meere in ihren Grenzen, Pflanzen, Tiere und Menschen am Leben? Du willst mit mir, dem Allmächtigen, hadern? Antworte zuvor auf die Fragen, die *ich dir* stelle! Ergreife doch selbst einmal das Weltregiment! Meinst du nicht doch, dass die Welt bei mir in den *besten* Händen ist?!

Gott antwortet Hiob nicht, indem er ihn durch seine Überlegenheit erschlägt oder an die Wand drückt. Nein, er *begegnet* ihm, lässt ihn seine unermessliche Weisheit, seine unergründliche Schöpfergüte, seine inkommensurable Allmacht ahnen, führt ihn ins Gericht, indem er sich ihm offenbart in einer Weise, die Hiob erkennen lässt, dass Gott *Gott* ist und durch die er sich zugleich selbst in einem neuen Licht sieht. Schon bei der ersten der vielen Fragen, die Gott ihm stellt, hat er den Rechtsstreit mit dem Schöpfer verloren. Auf tausend kann er nicht eines antworten, – er, der beste aller Menschen! Gott eröffnet ihm einen Blick für die *Wirklichkeit; das* weist ihn in seine Schranken: Was weißt du Mensch schon von Gottes Walten?! Du meinst, mich in Frage stellen zu können? *In Wahrheit bist du, Mensch, der von mir, deinem Schöpfer, Gefragte!*

Gott schlägt nicht auf Hiob ein, verbietet ihm auch nicht den Mund, sondern offenbart sich ihm in einer Art, die ihn in Staunen und Ehrfurcht versetzt und ihm zeigt, dass er Gott bisher noch nicht wirklich als *Gott* erkannt hat. Hiob beginnt die Göttlichkeit Gottes zu ahnen: dass Gott unendlich weiser, überlegener, größer, unbegreiflicher ist als wir Menschen, dass Gott sich nicht auf die Anklagebank beordern und verurteilen lässt. Staunend und zugleich stammelnd kann Hiob daraufhin nur noch antworten: »*Ich habe erkannt, dass du alles vermagst... Im Unverstand habe ich geredet – von Dingen, die mir zu hoch und zu wunderbar sind. Nur vom Hörensagen hatte ich von dir gehört, aber nun hat mein Auge dich gesehen. Darum bekenne ich mich schuldig und bereue in Staub und Asche*« (Kap. 42,15). Nicht aus Angst heraus, nicht unter dem Eindruck der *Macht* und *Überlegenheit* Gottes, sondern in der *Schau* Gottes er- und bekennt Hiob sich schuldig: in der Begegnung mit der *Wirklichkeit* und *Wahrheit* Gottes. Im Schauen Gottes fängt er an zu verstehen, wer der Mensch und wer Gott ist, – warum wir »Herr« sagen, wenn wir ihn arufen, warum wir ihn den »Allmächtigen« nennen. Ihm geht auf, dass der Gott, den wir meinen, begreifen und durchschauen zu können, der sich unserer Kritik stellen und sich unserer menschlichen Logik einfügen muss, allemal zu menschlich-begrenzt und bei weitem zu klein gedacht ist.

»Ihr Menschen werdet sein wie Gott«, werdet mit ihm auf einer Stufe stehen, ihm ebenbürtig sein, hatte die Schlange im Paradies einst gesagt (1. Mose 3,5). – Erst als er *Gott selbst wirklich begegnet,* erfährt Hiob, wo wir Menschen tatsächlich stehen: nicht über oder neben Gott, sondern allemal *unter* und *vor* ihm. Erst als er vor Gott steht, erkennt der Unschuldige *die Schuld des Menschen schlechthin:* die Verkennung eben dieser Tatsache: dass Gott *Gott* und der Mensch ein *Mensch* ist, wer Gott ist und wer der Mensch ist!

Aber auch in dieser besonderen Gottesbegegnung werden nicht *alle* Fragen Hiobs beantwortet, insbesondere die Warum-Frage bleibt offen. Hiob erfährt nichts von einer Wette Gottes mit

Satan, die eine Echtheitsprüfung seiner Glaubensmotive herausforderte. Hiobs Gottesschau lässt sich vielmehr dem Blick durch eine Lupe vergleichen: Im *Zentrum* sieht er die Dinge klar und *deutlich,* an den Rändern bleibt seine Gotteserkenntnis verschwommen. Gottes eigentliches Wesen wird ihm offenbar: seine Allmacht und Weisheit, seine unendliche Liebe zu seinen Geschöpfen, sein unfassbares Interesse für sie und seine Fürsorge für seine gesamte Schöpfung. – Gott lässt uns Menschen zuweilen seine *Gottheit schauen,* aber er lässt sich von uns nie bis in alle peripheren Einzelzüge *durch*schauen. Dabei erleben wir: Gott *ist* der, als der er sich in seinem Wort offenbart hat, und bleibt doch *größer* als seine Offenbarung; er gewährt eine *zutreffende* und doch *keine umfassende* Schau seiner selbst, sondern wahrt seine Unbegreiflichkeit, sein heiliges undurchdringliches Persongeheimnis: »*Meine Gedanken sind nicht eure Gedanken, und eure Wege sind nicht meine Wege, spricht der Herr, sondern so viel der Himmel höher ist als die Erde, so sind auch meine Wege höher als eure Wege und meine Gedanken höher als eure Gedanken*« (Jesaja 55,8f.). »*Jetzt sehen wir noch alles durch einen stumpfen Spiegel; einst aber werden wir Gott sehen, wie er ist, von Angesicht zu Angesicht*« (1. Korinther 13,12). Eine unmittelbare, fraglose, zweifelsfreie Gottesschau und -gemeinschaft ist uns Menschen erst für das Ende der Zeit verheißen. Bis dahin lebt unser Gottesglaube im »schon jetzt«, aber ebenso auch im »noch nicht«. Insbesondere Gottes Gerechtigkeit in seinem Welthandeln kann daher auch von Hiob im letzten noch nicht begriffen, sondern nur angebetet werden. Aber sein *eigentliches, tiefstes Wesen: sein Für-uns-Sein,* Gottes Herz, versteht er jetzt, *schon jetzt,* und darum kann er ihm nun auch im Blick auf die peripheren »Ränder« seines Handelns *vertrauen,* an denen er sein Tun im Einzelnen *noch nicht* versteht!

‌

# 6. Hiobs Wandlung
## und die Überwindung
### seines Leidens

Das Hiobdrama hat damit sein Ende erreicht: Hiobs Glaube hat sich als echt erwiesen, auch in seinen tiefsten Motiven. Gehalten von Gott (Kap. 1,12!) hat Hiob an Gott festgehalten. Und doch hat es auch bei diesem besten aller Menschen einer tiefgreifenden Wandlung bedurft, bis er erkennt, dass zur rechten Stellung des Menschen Gott gegenüber *Demut, Buße, Vertrauen und Anbetung* gehören. In der Begegnung mit dem Allmächtigen lässt Hiob alle eigene Gerechtigkeit fahren und erfährt, dass er als *Sünder angenommen* ist: aus nicht einklagbarer, unverdienter *Gnade, aus unbegreiflicher Liebe des unbegreiflichen Gottes!*

Diese Wandlung, diese Anerkenntnis der Gottheit Gottes und das Bekenntnis der eigenen Schuld führt im Hiobdrama denn auch zur Überwindung des Leidens. Erst am Ende, *in der Begegnung mit Gott selbst,* wird das Leben Hiobs innerlich und äußerlich heil! Hiob wagt, *Ja* zu sagen zu dem ihm undurchschaubaren Gott, macht sich darin eins mit ihm, und damit hört der Abgrund unter ihm auf, ein Abgrund zu sein, wird zu einer Tiefe, in der er erfährt, dass die Hand Gottes ihn im Fallen auffängt und auf neuen, festen Grund stellt. Doppelt erhält er seinen Besitz und sein ganzes früheres Glück von Gott zurück (Kap. 42,10ff.). Hiob gibt Gott Recht und wird daraufhin von Gott gerechtfertigt vor seinen Freunden (Kap. 42,7).

– Erst da, wo ein Mensch vor Gott steht, werden seine tiefsten Lebensrätsel gelöst, wird er von der Qual seiner Zweifel erlöst, – daran hat sich bis heute nichts geändert! Nicht durch bloße rationale Argumente, erst im Gegenüber mit Gott selbst kommen unsere Zweifel und Ängste zur Ruhe. Denn erst da, wo wir eine Begegnung mit Gott selbst suchen und finden, werden wir etwas zu ahnen beginnen von jenen »höheren Gedanken«, die auch über unserem Leben gedacht werden, und erfahren, was das Hiobdrama von seiner ersten bis zur letzten Szene so eindringlich bezeugt: dass der Glaube sich an diesen, in seinem Handeln so oft undurchschaubaren Gott *dennoch halten und sich ihm rückhaltlos anvertrauen kann*, wie ein kleines Kind seinem Papa. In seinem Wort hat dieser Gott uns Menschen sein Herz und seine Liebe offenbart, hat sich uns in Jesus Christus *gezeigt*, – nicht als der von uns begreifbare, sogenannte »liebe Gott«, sondern als der gerade in seiner *unendlichen Liebe* zu uns *un*begreifliche, von dem uns nichts und niemand trennen kann (– auch Satan nicht, dessen Einfluss Gott im Hiobbuch klare Grenzen setzt; vgl. Kap. 1,12)! Gerade durch Erfahrungen der Verborgenheit und Rätselhaftigkeit Gottes ist der Glaube immer neu gehalten, sich nicht in Spekulationen und Zweifeln an Gottes Güte zu verirren, sondern Gott *da* zu suchen, wo er uns sein tiefstes Wesen *offenbar* gemacht hat, sich von uns *finden* lassen will und auf uns *wartet*: in seinem Sohn Jesus Christus. »*Wer mich sieht, sieht Gott den Vater*«, sagt Jesus (Johannes 14,9). Eingespannt in Erfahrungen der Liebe und Fürsorge Gottes und auch der Undurchschaubarkeit der Wege Gottes, – unterwegs zu einer einmal alle Rätsel auflösenden Begegnung mit Gott am *Ende* der Geschichte »von Angesicht zu Angesicht« – lebt unser Glaube je neu aus dem »Dennoch« (Psalm 73,23): aus dem immer neuen, aber eben durch sein Wort und unsere Erfahrungen der Zuverlässigkeit dieses Wortes *begründeten Wagnis*, diesem Gott auf seine Zusagen hin und gegen allen etwaigen Augenschein zu *vertrauen:*

Befiehl du deine Wege
und was dein Herze kränkt
der allertreusten Pflege
des, der den Himmel lenkt.
Der Wolken, Luft und Winden
gibt Wege, Lauf und Bahn,
der wird auch Wege finden,
da dein Fuß gehen kann.

Dem Herren musst du trauen,
wenn dir's soll wohlergehn;
auf sein Werk musst du schauen,
wenn dein Werk soll bestehn.
Mit Sorgen und mit Grämen
und mit selbsteig'ner Pein
lässt Gott sich gar nichts nehmen,
es muss erbeten sein.

Dein ew'ge Treu und Gnade,
o Vater, weiß und sieht,
was gut sei oder schade
dem sterblichen Geblüt:
und was du dann erlesen,
das treibst du, starker Held,
und bringst zum Stand und Wesen,
was deinem Rat gefällt.

*Und ob gleich alle Teufel*
*hier wollten widerstehn,*
*so wird doch ohne Zweifel*
*Gott nicht zurücke gehn;*
*was er sich vorgenommen*
*und was er haben will,*
*das muss doch endlich kommen*
*zu seinem Zweck und Ziel.*


*Auf, auf, gib deinem Schmerze*
*und Sorgen gute Nacht;*
*lass fahren, was dein Herze*
*betrübt und traurig macht:*
*bist du doch nicht Regente,*
*der alles führen soll,*
*Gott sitzt im Regimente*
*und führet alles wohl.*


*Drum lass IHN tun und walten,*
*er ist ein weiser Fürst*
*und wird sich so verhalten,*
*dass du dich wundern wirst,*
*wenn er, wie ihm gebühret,*
*mit wunderbarem Rat*
*das Werk hinausgeführet,*
*das dich bekümmert hat.*

# 7. Nachtrag:
## Gott und das Böse

*(thesenartige Hilfen zum besseren Verständnis einiger widersprüchlich erscheinender biblischer Aussagen)*

1. Gott ist der allein Gute (Markus 10,18), ist Licht, in dem es keine Finsternis gibt (Jakobus 1,17).
2. Daher hat das Böse in Gott nicht seinen Ursprung, sein Woher, wohl aber seine Bedingung: Gott, der Allmächtige, könnte und kann die Wirksamkeit des Bösen verhindern.
3. Gott verhindert das Böse in vielen Fällen nicht. Dieses »Nicht-Verhindern« formuliert die Bibel in *zwei verschiedenen, komplementären* Aussagereihen, die jeweils eine *unterschiedliche* Aussage-*Absicht* verfolgen:

| | |
|---|---|
| *passiv:* Gott lässt das Böse nur zu, beteiligt sich nicht selbst daran (z. B. Hiob 1, 12; 2,6; 1. Samuel 16,14f.). | *aktiv:* Gott wirkt das Böse letztlich selbst, um Böses aktiv zu bestrafen (z. B. Amos 3,6; Jesaja 45,7). |
| Betonung der *Distanz* Gottes zum Bösen: Gott ist der *Feind* des Bösen, hat seinem Wesen gemäß mit ihm nichts zu schaffen (Jakobus 1,13b; 1. Johannes 3,8-12). *Satan* ist für das Böse in unserer Welt verantwortlich (Johannes 8,44; Offenbarung 12,9f.). | Betonung der *Geschichtsmächtigkeit* Gottes: Gott ist nicht bloßer Zulasser oder Zuschauer im Weltgeschehen, sondern *bestimmt, lenkt und regiert auch das Böse* aktiv nach seinem Plan und Willen (z. B. Hiob 12,16 ff.). Satan ist bloßes *Werkzeug* Gottes (2. Könige 22,21 ff.). |

| Das Böse gilt als *Entzug* der Gegenwart Gottes, die Hölle als Gottes*ferne* (2. Thessalonicher 1,9 wtl.: Hölle bedeutet *»fern vom Angesicht des Herrn und seiner Herrlichkeit sein«* ). | Das Böse gilt als *strafendes Eingreifen* Gottes (1. Samuel 19,9; Richter 9,22 f.), die Hölle als Gottes *Gericht* (z. B. 2. Petrus 2,4; 1. Samuel 2,6: *»Der Herr tötet und macht lebendig; ER führt in die Hölle und wieder heraus«).* |
| --- | --- |

Im Nebeneinander dieser beiden Aussagereihen deutet die Bibel an, dass *theologisch zusammengehört,* was sich logisch nicht gleichzeitig denken lässt. Beide Aussagereihen *ergänzen* sich gegenseitig wie die beiden Seiten einer Medaille: ohne die Ergänzung der anderen bietet jede von beiden nur ein *einseitiges, unvollständiges* Gottesbild. Zugleich *korrigieren* sich beide Aussagereihen gegenseitig, indem uns die eine jeweils davor bewahrt, aus der anderen Konsequenzen zu ziehen, die mit der Offenbarung Gottes *un*vereinbar sind. Entsprechend gilt:

- Das Böse ist nicht von Gott *gewirkt,* Gott ist nicht Ursprung, sondern Feind des Bösen; – und doch verdankt es ihm seine *Wirklichkeit;* es *ist* nicht ohne Gott, weil es jenseits von Gott keine eigenständige Wirklichkeit gibt.

- Gott will das Böse nicht, und doch ist er *Herr alles* Geschehens, so dass auch das Böse nicht *vorbei* an seinem Plan und Willen geschieht und geschehen kann. (Auch im Hiobbuch ist und bleibt Satan gleichsam der »Satan *Gottes«;* vgl. Kap. 1,12!).

- Gott ist weder ursprüngliches Subjekt, noch einfach bloßer Zulasser oder Zuschauer des Bösen im Weltgeschehen. Er *wirkt* das Böse nicht, sondern *be*wirkt, dass dieses »sich gleichsam selbst *ver*wirkt«, indem er das Böse *gegen es selbst* richtet und seine göttliche Gerechtigkeit durchsetzt.

Beide Aussagereihen sollten wir daher jeweils von *ihrer* berechtigten komplementären Aussage-*Absicht* her verstehen und ihr theologisch unverzichtbares *Neben*einander nicht in ein logisch widersprüchliches *Gegen*einander verkehren. Vielleicht hilft dabei ein Gleichnis aus der Geometrie: Zwischen zwei parallelen Linien können wir keinerlei Annäherung erkennen, und doch kommen sie im Unendlichen zusammen.

# 3

# Gottes Vatersein – und die Probleme, die so viele damit haben

Mein Sohn verdankt mir alles«, erklärt ein Vater stolz seinem Arbeitskollegen, »er hat eine Villa, zwei Autos, einen Schrank voller Maßanzüge und einen Psychiater.« »Und worüber spricht er mit seinem Psychiater?«, fragt der Kollege zurück. »Über mich!«

– Als eine der größten und folgenschwersten *Tragödien* im Leben zahlloser Menschen heute bezeichnen Psychologen und Psychotherapeuten *gestörte, vergiftete Vaterbeziehungen!* Was eine der elementarsten Grundlagen zur Entwicklung einer gesunden, reifen Persönlichkeit und eines gelingenden, glücklichen Lebens ist und sein sollte – eine heilvolle, tragende Vaterbeziehung –, wurde und wird von vielen nicht erlebt; von positiven Vatererfahrungen wissen immer mehr Zeitgenossen tragisch wenig zu erzählen. Ungezählte – vor allem Töchter – haben ihren Vater eher als jemanden erlebt, der ihnen Angst oder sie zur Schnecke macht, der sie unterdrückt, einengt, betatscht, ihnen Gewalt antut oder schlicht: als einen, der sie nicht liebt, demgegenüber sie schließlich – wider Willen – vor allem Schmerz, Hass, Wut und Ekel empfinden. Und man kann die Zahl derer kaum ahnen, die eben auch deshalb zum *christlichen Glauben* keinen Zugang finden, weil Aversionen in ihnen aufsteigen, wenn sie hören, dass Gott ihr *Vater* sei oder sein wolle; Menschen, die Gott-als-Vater feind sind – aus unbewusster lebenslanger Rache und Bitterkeit ihrem *leiblichen* Vater gegenüber.

Nun gehört es aber zum Kern des christlichen Glaubens, dass Gott unser Vater ist und sein möchte. Jesus lehrt uns im Vater-Unser, Gott als unseren Vater anzurufen, und damit zeigt er uns *den* Zugang zu Gott schlechthin. Christ zu werden, bedeutet: Kind des Gottvaters Jesu Christi werden. Doch ist auch vielen Christen kaum bewusst, wie sehr ihr Gottvater-Bild negativ vorgeprägt, verzerrt und überschattet ist von Erfahrungen, die sie als Kinder mit ihrem leiblichen Vater gemacht haben. Nicht zuletzt die Tiefenpsychologie Sigmund Freuds und Alfred Adlers hat uns ahnen gelehrt, welche ungeheure Bedeutung unser eigenes, persönliches und insofern einmaliges Vaterbild für die Entwicklung und Ausprägung unserer Kindesseele hat. Carl Gustav Jung hat darüber hinaus in seiner Studie »Die Bedeutung des Vaters für das Schicksal des Einzelnen« (1909) den überzeugenden Nachweis erbracht, dass dieses Vaterbild in seiner ohnehin schon machtvollen tiefenpsychologischen Wirksamkeit noch ungeheuer verstärkt wird durch mit potentieller Gewalt geladene *archetypische* Vatererinnerungen, die uns von den Generationen unserer Vorfahren weitervererbt worden sind. Zu einem großen Teil ist dieser Vater-Archetyp von den strengen, autoritären und richterlich-strafenden Zügen alter patriarchalischer Vaterbilder bestimmt, die auf diese Weise unser Vaterempfinden in den kollektiv-unterbewussten Tiefenschichten unserer Seele nachhaltig vergiften.

Zu den sichersten Erkenntnissen moderner Psychologie zählt in diesem Zusammenhang weiter die Einsicht, dass wir die mit unserem konkret natürlichen Vatererleben verbundenen kindlichen Gefühle und Empfindungen unbewusst auf unser Bild von *Gott* als dem Vater *übertragen*. Aber auch der beste menschliche Vater ist in seinem Vatersein nicht fehlerlos, perfekt, sondern gibt ab und an auch Verhaltensweisen und Wesenszüge zu erkennen, die einer kindlichen Seele wehtun und ihrem Vaterbild schmerzhaft negative Züge einzeichnen. Dies geschieht beispielsweise schon dann, wenn ein Vater wenig Zeit für sein Kind hat und sich wenig um es kümmert.

Eben diese negativen Züge unseres natürlichen Vaterbildes machen es uns schwer, an Gott als einen Vater zu glauben, den wir *lieben* und dem wir *rückhaltlos vertrauen* können. Und den meisten von uns würde gewiss der Schreck in die Glieder fahren, wenn wir erführen, *wie viele* Menschen – beeinflusst von negativen Vatererfahrungen – unter einer Gottesvorstellung leiden, die der eines *Scheusals* gleicht! Dass Gott unser Vater ist, bedeutet für sie vor allem, dass er ein alles verbietender Neinsager ist; – einer, der ihnen nichts gönnt und dem man nie wirklich trauen kann; – einer, bei dem man Zuneigung und Anerkennung nur aufgrund hinreichend erbrachter Leistung bekommt; ein Gott, der wenig Interesse an ihrem Glück, aber großes Interesse an ihren Fehlern hat, – um sie zu bestrafen! Zu glauben, dass er ihr Vater ist, heißt für so gebrannte Kinder, dass Gott vor allem Gehorsam und Unterwerfung von ihnen fordert, dass er aggressiv und autoritär, überstreng und bedrohlich, unberechenbar und gewalttätig ist; einer, vor dessen Macht man sich *fürchten* muss, weil er imstande ist, uns *zunichte zu machen* – spätestens im Jüngsten Gericht! Wen wundert es, dass es ungezählten Menschen aufgrund einer solch verhängnisvollen Projektion negativer Erlebnisse mit dem eigenen Vater auf Gott den Vater unmöglich geworden ist, Gott vertrauensvoll als ihren »Vater« anzurufen?!

Wir wollen es uns im Folgenden ersparen, von den leidvollen

Erfahrungen zu sprechen, die bei vielen zu solch einem Vaterbild geführt haben und aus ihm resultieren. Es soll vielmehr versucht werden anzudeuten, welches Bild *Jesus* uns von Gott als dem Vater im Neuen Testament vor Augen malt und wie unsere Beziehung zu Gott als dem Vater durch Jesus *heil* und zu einer unser Leben stärkenden Kraftquelle werden kann. – Weil wir Menschen uns zutiefst und zuletzt nach einem Leben in der Geborgenheit eines guten göttlichen Vaters *sehnen!* Gott zum Vater haben, heißt doch auch: kein bloßes Produkt des Zufalls sein, wissen, woher ich komme und dass ich gewollt bin! Dass und wenn Gott mein Vater ist, das müsste doch zu allererst bedeuten, dass mir als Grundbotschaft meines Lebens zugesprochen wird: »Es ist gut, dass es dich gibt! Ich, dein himmlischer Vater, freue mich, dass du da bist und dass du bist, wie du bist: so einmalig, einzigartig, originell und unverwechselbar!« Bewusst oder unbewusst tragen wir alle eine tiefe, oft verdrängte Sehnsucht in uns nach einem Vater, an dessen Herz wir Geborgenheit finden und uns in den Strapazen der Lebensbewältigung einmal ausweinen können; – nach einem Vater, der uns die Wunden, die uns das Leben schlägt, verbindet und uns immer wieder neu auf die Beine stellt; – nach einem Vater, der uns im Wirrwarr des Lebens und den vielfältigen Gefahren unserer Welt Halt und Orientierung gibt, der uneingeschränkt Ja zu mir sagt und mich spüren lässt, dass ich trotz meiner Schwächen und Fehler ein Recht habe, *ich* zu sein. Die Tiefenpsychologie – insbesondere von Carl Gustav Jung – hat gezeigt, dass diese Vatersehnsucht wie die Muttersehnsucht zu unserem *geistigen Erbgut* gehört und dass die Erfüllung dieser Sehnsucht eine entscheidende Voraussetzung dafür ist, dass wir zu uns selbst finden, in unserem Leben zu persönlicher Reife, Ganzheit und Sinnerfüllung gelangen. Unermesslich, was den vielen Menschen fehlt, denen ein wirklich guter Vater fehlt!, – was auch denen fehlt, die ihre Vatersehnsucht unter dem Eindruck negativer Vatererlebnisse so gründlich verdrängt haben, dass sie diesen Verlust nicht mehr wahrnehmen, sondern geradezu als Erfolg empfinden! Dabei können fehlende oder auch negative Erfahrungen mit dem *leiblichen* Vater unter Umständen zu einem beträchtlichen Teil kompensiert werden: etwa dadurch, dass ein liebevoller Onkel, ein älterer Bruder oder Freund dem Kind eine Art »Vater« wird. *Durch nichts zu ersetzen* ist hingegen die tiefe, letzte Geborgenheit und Sinnerfüllung, die denen fehlt, die keinen Zugang zu *dem* finden, der der *Vater par excellence* ist, das Urbild alles echten Vaterseins in Person!

Wenn die Bibel (in Epheser 3,15) sagt, dass *Gott das alleinige Urbild alles guten und wahren Vaterseins* ist, dann ist in dieser Aussage schon implizit darauf hingewiesen, dass wir *vollkommenem Vatersein nur bei ihm* begegnen können. Die Bibel weiß nur zu gut, wie leicht und oft Väter in ihrem Vatersein versagen und ihren Kindern dadurch den Weg zu einem positiven Erleben der Vaterschaft Gottes versperren können. Wie ein Steppenbrand hat sich die Unfähigkeit, im guten Sinne Vater zu sein, über Generationen hinweg ausgebreitet, indem immer mehr Väter aufgrund ihrer eigenen defizienten Vatererfahrungen unfähig geworden sind, ihren Söhnen ein Vorbild echten Vaterseins zu geben. Weil aber auch die besten menschlichen Väter keine vollkommenen Väter und mithin auch nur unvollkommene Abbilder des Vaterseins Gottes sind und sein können, ist es von unschätzbarer Bedeutung, dass Gott seinen Sohn Jesus Christus in unsere Welt geschickt hat, um uns *in ihm zu zeigen*, wer er als unser Vater ist. *»Ich und der Vater sind eins«*, sagt Jesus (Johannes 14,9 und 10,30), und: »*ICH bin der WEG, die Wahrheit und das Leben; niemand findet zu Gott, dem VATER, – ALS NUR DURCH MICH*« (Johannes 14,6).

Man kann versuchen, Gottes Wesen aus aus seinen Schöpfungswerken zu erschließen, aus der Weite des Universums oder aus der weise geordneten Vollkommenheit von Naturprozessen. Auf diesem Weg gelangen wir zu einer Gottesvorstellung, die uns Gott als unendlich groß, mächtig und kreativ erscheinen lässt, aber zugleich auch als unendlich erhaben, fern und eisig in seinem Uns-überlegen-Sein. Nie werden wir so erfahren, wie es um das *Herz* Gottes bestellt ist, wie Gott zu uns steht und was er für uns empfindet. Auf *diese* Fragen gibt uns nur Jesus eine verlässliche Antwort: Er beantwortet sie mit einem einzigen Wort, das Inhalt seines ganzen Vertrauens ist, – mit dem Wort »Vater«. Jesu Mitarbeiter bitten ihn daraufhin: »*Herr, ZEIGE uns Gott den Vater, und es genügt uns«;* und Jesu Antwort lautet: Es gibt nur einen Weg, dem Vatersein Gottes zu begegnen: »*Wer mich sieht, sieht Gott den Vater!«* (Johannes 14,8-9). Und weil Jesus um die abgrundtiefen Ängste, die sich bei vielen Menschen mit dem Begriff »Vater« verbinden, weiß, *beginnt* er seine Rede über Gott den Vater mit den geradezu beschwörenden Worten: »*Euer Herz erschrecke nicht! HABT KEINE ANGST! Habt VERTRAUEN zu ihm und Vertrauen zu mir!«* Bei Gott, eurem Vater, könnt ihr zur Ruhe kommen, durchatmen, eine nie gekannte Geborgenheit erfahren, im tiefsten und besten Sinne ein Zuhause finden. *»In meines Vaters Hause sind viele Wohnungen ... Und ich gehe hin, euch dort ein bleibendes Zuhause zu bereiten«* (Johannes 14,1f.). *»Er selbst, der VATER, HAT EUCH LIEB!«* (Johannes 16,27).

Dass und wie Gott auf die denkbar liebevollste und beste Weise wirklich unser ganz persönlicher Vater ist, das können wir *nur an Jesus* (Lukas 10,22b!) sehen – an unseren leiblichen Vätern allenfalls verzerrt, unvollkommen. Nicht von ungefähr, – weil letztlich nur Gott diesen Namen verdient –, verbietet Jesus seinen Mitarbeitern, sich »Vater« zu nennen: »*Ihr sollt niemanden unter euch Vater nennen auf Erden, denn nur einer ist wirklich euer Vater: euer Vater im Himmel« (Matthäus 23,9).* Zu einem wirklich adäquaten, treffenden Bild von Gott als dem Vater kommen wir nur, wenn wir unser natürliches Gottesbild von eigenen negativen Vatererfahrungen ablösen und von Jesus korrigieren, entgiften und heilen lassen. Wer und wie Gott wirklich ist, können wir Menschen uns nicht selber sagen, wir können es uns nur sagen *lassen,* und zwar von dem Einen, der mit Gott eines Wesens ist, in dem Gott selbst zu uns gekommen ist, um sich uns zu *offenbaren* (vgl. Johannes 14,6)! *Ohne Jesus mutmaßen und reden wir von Gott – ohne ihn zu kennen!*

(Nur) zwei der vielen wunderbaren, mutmachenden Züge des Vaterbildes Jesu sollen im Folgenden nachgezeichnet werden, die insbesondere für Menschen mit negativen biographischen Vatererlebnissen ungeheuer heilsam sind:
1. die Leben eröffnende *Liebe* Gottes des Vaters und
2. seine lebensfördernde göttliche *Autorität.*

# 1. Die lebenseröffnende Begegnung mit der Liebe Gottes des Vaters in seinem Sohn Jesus Christus

Wer von seinem natürlichen Vater vernachlässigt, unterdrückt, tyrannisiert und gedemütigt worden ist, leidet in aller Regel unter dem schlimmen Gefühl, unbedeutend und wertlos, ein Nichts oder »der letzte Dreck« zu sein – und fühlt sich dessen oftmals auch noch schuldig! *Jesus* zeigt uns Gott als einen Vater, der jeden Menschen über die Maßen wertschätzt, jedem Einzelnen ohne irgendeine Vorbedingung weiten Lebensraum und umfassendes Lebensrecht gewährt. *»Er selbst, der Vater, hat euch lieb!«* sagt Jesus (Johannes 16,27); mehr noch: Jesus selbst nimmt Gottes Stelle ein, um uns das Wesen des Vaters zu zeigen, nimmt uns an seiner Stelle als Gottes Kinder an:

Da kommen einige Mütter mit ihren Kindern zu Jesus (Markus 10,13-16), damit er sie segne; – die Väter fehlen bezeichnenderweise. Jesu Mitarbeiter wollen diese Kinder-ohne-Väter unwillig wegschicken; aber Jesus ruft sie zu sich: *»Lasset die Kindlein zu mir kommen und wehret ihnen nicht! Ihnen gehört Gottes Himmelreich!«* Und dann nimmt Jesus selbst die Stelle des Vaters ein: nimmt sie alle nacheinander auf seinen Arm, drückt, herzt, umarmt und segnet sie! Welch ein Bild unseres Vatergottes stellt uns Jesus durch sein Handeln hier vor Augen!: Bereits indem er sie umarmt, schafft er diesen vaterlosen Kindern einen Schutzraum bis dahin vielleicht nie gekannter wärmster Geborgenheit. Dann legt er ihnen segnend seine Hände auf, legt sie über ihren Kopf wie ein schützendes Dach, das diesen Raum der Geborgenheit vollends abschirmt gegen jedes Ungemach!

In Jesu Worten und Taten zeigt Gott sich uns als ein Vater, der uns zu verstehen gibt: Mir bist du nicht unerwünscht! Mir bist du über die Maßen wertvoll und wichtig! Ich schicke dich nicht weg – niemals! –; ich freue mich an dir, – einfach weil du da bist und bist, wie du bist! Ohne dich zu erdrücken und einzuengen, halte ich dich fest in den Gefährdungen deines Lebens, und trotz deiner Schwächen und Fehler halte ich meine Liebe zu dir unter allen Umständen durch!

*»Sehet, welch eine Liebe uns der Vater in Jesus entgegenbringt, dass wir Gottes Kinder sein dürfen«* (1. Johannes 3,1). Gottes *»Kleinkinder«* heißt es in diesem Bibelsatz wörtlich! – Wissen wir, was das Geheimnis von Kleinkindern ist?: Dass sie

uns nicht erst durch erbrachte Leistung, sondern bereits durch ihr *bloßes Dasein* dazu bringen, sie zu lieben! – Dass Sie davon leben dürfen, *für nichts geliebt* zu werden! Ein Kleinkind wird nicht erst geliebt, wenn es etwas leistet oder vorzuweisen hat; man muss es, wenn man es lieben will, schon um seiner selbst willen lieben. Und *eben so* liebt dein göttlicher Vater *dich!*, gibt uns Jesus zu verstehen: einfach, weil du da bist! Wer du auch bist: Bei deinem himmlischen Vater musst du nichts *tun,* um wertvoll und liebenswürdig zu sein: du *bist* es, einfach weil du *du* bist, – bist, wie er dich gewollt und geschaffen hat: einmalig, einzigartig wie niemand sonst auf der Welt! *Deine Eltern wollten ein Kind, aber dein Gottvater wollte und will DICH!*

Wer in den Worten und der Person Jesu dem wunderbaren Vatersein Gottes begegnet, dem wird die schier abgründige Angst, in seinem Dasein und Sosein nicht gerechtfertigt zu sein, *genommen*. Dem wird ein Lebensrecht und ein Lebensraum eröffnet, in den er vorbehaltlos eintreten und in dem er einfach dankbar und glücklich sein darf: bedingungslos und ganz akzeptiert und geliebt – von der höchsten Instanz, die es im Himmel und auf Erden gibt – mit einer Liebe, der kein Mensch fähig ist! Was für ein Gott! Was für ein Vater! Einzigartig, unvergleichlich! Die Erfüllung unserer tiefsten Sehnsucht, vorbehaltlos geliebt zu sein! Gerade denen, die ein solch bedingungsloses Angenommen- und Geliebtsein von ihren Eltern vielleicht nie erfahren haben, möchte Jesus ein ihnen schier unmöglich erscheinendes Urvertrauen in die Güte und Liebe des Vaterseins Gottes eröffnen. Jesus, der einzige, der diesen göttlichen Vater durch und durch kennt und mit seinen eigenen Augen gesehen hat, nennt ihn liebevoll und vertrauensvoll »*Abba*« (Markus 14,36), zu deutsch: »lieber Papa«! Jesus lebt(e) aus dem wunderbaren Wissen, von diesem Vater rückhaltlos geliebt zu sein (vgl. Johannes 3,25; 5,20), und er versichert uns, dass dieser sein Vater mit der gleichen Liebe *auch un-ser* Vater ist (vgl. Johannes 14,21–23; 20,17)!

## 2. Die lebensfördernde Autorität Gottes des Vaters

So sehr Jesus uns Gottes Vatersein als lebenseröffnende Liebe zeigt, stellt er andererseits deutlich heraus, dass Gott als Vater zugleich *lebensfördernde Autorität* ist und die Richtlinienkompetenz für unser Leben beansprucht. Gottes Vatersein – wie Jesus es uns offenbart –, trägt die Züge zartester, innigster Güte und Liebe, und doch ist dieser göttliche Vater zugleich der allmächtige Herr des gesamten Universums, der von uns Menschen Gehorsam beansprucht und erwartet! Aber eben damit haben viele allergrößte Probleme: Menschen, die gelitten und gebebt haben unter der Macht, Strenge und Gewaltherrschaft ihres leiblichen Vaters, – die als Kleinkinder die Macht ihres Vaters als bedrohliche Übermacht erlebt haben, die sie *vernichten* könnte; – Erwachsene, die als Kinder die Angst vor Strafen und Schlägen als *Todesangst* erfahren haben. Wer als Kind in seinem Elternhaus Autorität und Macht nur als Druck und Diktatur, als Strafandrohung und Vergewaltigung kennengelernt hat, wird einen regelrechten *Hass auf alles* entwickeln, was ihm in irgendeiner Form als Autorität und Macht begegnet. Kinder, die mit allen Mitteln zum Gehorsam gezwungen wurden, werden früher oder später schon allergisch reagieren, wenn sie die Worte »Gehorsam« und »gehorchen« auch nur hören!

Zu schlimmen Folgen in der Persönlichkeitsentwicklung können solche leidvolle Erfahrungen deshalb führen, weil wir uns andererseits als Kinder wie als Erwachsene zutiefst nach väterlicher Autorität und Macht *sehnen*: weil wir sie ersehnen *als Ermächtigung zum eigenen Leben*. Insgeheim tragen wir eine tiefe Sehnsucht in uns nach einer väterlichen Autorität, die weiß, wo es im Leben lang geht; die uns sagen kann, wie wir unser Leben meistern und zum Gelingen bringen können; und die die Macht hat, dem für uns Guten in der Lebenswirklichkeit unserer Welt zum Sieg zu verhelfen.

Daher ist es nun entscheidend wichtig für uns zu verstehen, dass Jesus uns die Allmacht unseres göttlichen Vaters als die *Macht seiner allmächtigen Liebe* begreifen lehrt. Auch in seiner grenzenlosen Allmacht ist und bleibt Gott grenzenlose *Liebe* (1. Johannes 4,16). Jesus zeigt uns Gott den Vater nicht als eine unser Leben einengende, sondern es unter allen Umständen *fördernde* Autorität: »*Das ist der Wille meines Vaters: dass alle, die mich, seinen Sohn, sehen und an ihn glauben, EWIGES LEBEN haben*« (Johannes 6,40). Unser göttlicher Vater möchte unseren Gehorsam nicht, weil er autoritär und despotisch wäre, sondern weil er als unser Schöpfer besser als jeder andere sonst weiß, was *gut* für uns ist, – weil er es als unser Vater durch und durch und nur *gut* mit uns meint! Gerade als uns liebender Vater setzt er Normen, Ordnungen und Richtlinien für uns, weil es ihm um die Bewahrung und das Gelingen unseres Lebens geht. Seine Ge- und Verbote sind – bis in die Sexualethik hinein – schützende Leitplanken, die uns auf der Straße gedeihlichen, erfüllten Lebens halten und vor dem Fall in unbefestigte Gräben und tiefe Abgründe an den Rändern dieser Straße bewahren. Was *er* uns verbietet, verwehrt er uns nur, *weil wir ihm unsagbar am Herzen liegen*. Dabei wird uns unser Gottvater nie zum Einhalten seiner Anweisungen zwingen! Im Hause unseres himmlischen Vaters gibt es keine Befehlsherrschaft; hier dominieren nicht Zwang und Unterdrückung, Strafandrohung oder der Terror der Angstmache, sondern Vertrauen und Angenommensein, Liebe und Güte. Hier dürfen wir sein, wie wir sind – mit allen Verkehrtheiten, Zweifeln, Risiken –, und wir müssen doch nicht bleiben, wie wir sind. Der Vater, der uns in Jesus begegnet, agiert nicht mit Druck und Gewaltandrohung, sondern achtet uns als *Person* und wirbt um unser *Vertrauen.* – Und wenn wir Nein zu seinen Willensäußerungen sagen? Dann lässt er uns – wie der Vater im »Gleichnis von dem verlorenen Sohn« (Lukas 15,11ff.) – schweren Herzens, traurigen und bangen Herzens auch *gehn!* Gottes Vaterliebe zwingt uns nicht zu unserem Glück, sondern lässt uns frei, sie auch abzulehnen. Das ist der große und letzte Respekt, den der göttliche Vater seinen Menschenkindern zollt: dass er sie auch in ihrem *Nein ernst nimmt* und nie bereit sein wird, auch nur eines seiner Kinder zu vergewaltigen! Auch wo sie abgelehnt wird, geht Gottes Vaterliebe nicht ins Gericht mit uns, sondern geht den Weg ins Leiden: *Die Hände des Gekreuzigten werden nie nach uns schlagen – nie!* Nirgends deutlicher als an seinem Kreuz zeigt uns Jesus die Liebe Gottes als eine Liebe, die bereit ist – aus Liebe! – auch an uns, ihren Geliebten, zu leiden. Der Gottvater, der sich uns in der Person Jesu Christi zeigt, *kann uns leiden!* Auch seine von ihm weggelaufenen Kinder hört er nicht auf zu lieben, sondern wirbt und ringt und bangt um sie, wartet, dass sie umkehren von ihren Irrwegen und erkennen, wo sie ein Zuhause haben. Als sich der »verlorene Sohn« im Gleichnis zurück auf den Heimweg zu seinem Vater macht, heißt es: »*Da er aber noch FERNE war, SAH ihn sein Vater. Und es jammerte ihn, und er* – der Vater! – *lief ihm entgegen, fiel ihm um den Hals und küsste ihn.*« »So heruntergekommen und kaputt du auch bist: Du bist und bleibst mein Kind, mein Junge!« – Kein einziger Vorwurf und nicht einmal ein *Gedanke* an eine Strafe! Rückhaltlose

Vergebung und Annahme erwartet den Heimgekehrten, – ein *Fest des Vaters*, dass sein Kind wieder zu Hause ist!

## 3. Zu Gott
## als dem Vater
## Vertrauen finden

*Drei bewährte Hilfen* seien zum Schluss kurz skizziert, die uns dienlich sein können, zu Gott als unserem Vater mehr *Vertrauen* zu finden:

1. Weil sich der kindlichen Seele durch negative Erlebnisse Angst machende Bilder eingeprägt haben, ist es überaus wichtig, diesen negativen *positive Bilder* entgegenzustellen. Von wohltuender, heilender und Vertrauen fördernder Wirkung erweist sich dabei die meditative Lektüre der vielen Passagen im Neuen Testament, in denen uns Jesus das Wesen Gottes als Vater vor Augen malt. Als Beispiele seien nur genannt: Jesu Gleichnisse »vom Vater und seinem verlorenen Sohn« (Lukas 15,11-32), »vom bittenden Freund« (Lukas 11,5-13), »vom barmherzigen König, der seinem Schuldner alle Schulden erlässt« (Matthäus 18,23-35) oder Jesu Aussagen über die Fürsorglichkeit des Vaterseins Gottes (Matthäus 6,25-34; 10,28-31). Vielsagend und exemplarisch für Gottes wunderbares Vatersein ist ebenso die liebevolle und zärtliche Art, in der Jesus selbst mit den Menschen seiner Umgebung umgeht – gerade mit den Verachteten, Ausgestoßenen, Schuldiggewordenen und Kranken (beispielsweise in Lukas 7,36-50; 19,1-10; Johannes 8,1-11; Markus 5, 21-43; 8,22-26 oder auch sein zu Hilfe kommendes Handeln an seinen verängstigten Mitarbeitern im Seesturm in Matthäus 14,22-33). Prägen wir uns

diese Bilder ganz tief ein! Eine solche tägliche Lesetherapie wird auf unser Inneres eine spürbar heilende Wirkung haben: *Gott selbst rührt uns in diesen Bildern heilend an!*

2. Menschen mit negativen oder auch fehlenden positiven Vatererfahrungen sollten Gott darum bitten, dass er ihnen einen *älteren liebevollen Freund* zeigt und zur Seite stellt, der ihre enttäuschte, unerfüllte Vatersehnsucht auffängt und ihnen das tiefe Empfinden vermittelt, in ihrem Dasein und Sosein berechtigt zu sein. Wer erlebt, dass er von einem ihm nahe stehenden *Menschen* geliebt und angenommen wird, wie er ist, dem wird es viel leichter fallen, auch zur Vaterliebe Gottes einen Zugang zu finden und:

3. seinem leiblichen Vater zu *verzeihen!* Erfahrene Therapeuten und Seelsorger werden nicht müde, darauf zu insistieren, dass eine der entscheidenden Voraussetzungen für eine gesunde, gedeihliche Persönlichkeitsentwicklung die Auseinandersetzung und Versöhnung mit dem eigenen Vater ist. Nicht nur Depressionen, ein zu geringes Selbstwertgefühl oder mangelnde geschlechtsspezifische Identität, – auch Schwierigkeiten mit dem *eigenen* Vater- oder Muttersein können hier ihre Ursache haben. Die erlebte einzigartig gütige Vaterliebe Gottes möchte uns helfen, die Fehler unserer Väter und Mütter zu vergeben (vgl. Matthäus 18,23-35!), – anders kommen wir von den negativen Erinnerungen an sie nicht los!

Abschließend sei noch auf das umseitige Bild verwiesen (S. 73), das geradezu von Symbolcharakter ist für das Vatersein Gottes und die tiefe Geborgenheit derer, die ihr Dasein in seinen Händen gehalten wissen:

*(Das oben stehende Bild mit dem Titel »Umfangen« zeigt eine Plastik von Dorothea Steigerwald und wurde mit freundlicher Genehmigung des Brendow Verlags, Moers, abgedruckt.)*

Zwei Hände zeigt diese Plastik, – Hände, die die gesamte Existenz dieses kleinen Menschleins umfassen und tragen. Darunter ist nur Leere, Abgrund, Nichts. Groß sind diese beiden Hände und zugleich unendlich sanft und zart, – viel stärker, als das kleine Wesen, das sie umschließen. Sie bergen und schützen es, halten es fest, und doch erdrücken sie es nicht! *Er* ist nicht zu sehen, dem diese Hände gehören. Er bleibt unsichtbar, verborgen, auch das kleine Kind sieht ihn nicht! *Und doch ist da KEINE ANGST! Da ist KEINE ANGST, keine Spur von Furcht;* kein krampfhaftes Sich-Festhalten und kein Gedanke, aus diesen Händen herausfallen zu können, – ein Sich-von-allen-Seiten-gehalten-Wissen: tiefe Ruhe, Frieden, Sich-zuhause-Wissen, kindliches Vertrauen eines winzigen Wesens in die viel größeren, schützenden Hände seines Vaters; – sorgloses Ruhen, mehr noch: *Träumen – in unendlichem Geborgensein!*

Welch ein Bild für den Schutz und Halt, für den *tiefen unendlichen Frieden,* den uns das *Vatersein Gottes* verleihen kann und will! – Was auch immer geschieht: *Das* sollten wir uns nie nehmen lassen: die feste, ausdrückliche Zusage Jesu: »*Er selbst, der Vater, hat euch lieb!*« – wie niemand sonst auf der Welt! Nichts und »*niemand kann euch aus meines Vaters Hand reißen!*« (Johannes 16,27; 10,29).

*Verwendete, weiterführende Literatur (in Auswahl):*

*Adolf Köberle:* Vatergott, Väterlichkeit und Vaterkomplex im christlichen Glauben, in: derselbe: Heilung und Hilfe. Christliche Wahrheitserkenntnis in der Begegnung mit Naturwissenschaft, Medizin und Psychotherapie, Moers 1985, S. 203-214.

*Adolf Köberle:* Das Vaterbild bei Franz Kafka, op.zit, S. 215-224: *W. Bitter (Hg.):* Vorträge über das Vaterproblem, Stuttgart 1954.

*Helmut Jaschke:* Gott Vater? Wiederentdeckung eines zerstörten Symbols, Mainz 1997.

*Carl Gustav Jung:* Die Bedeutung des Vaters für das Schicksal des einzelnen, Zürich (3. Aufl.) 1949.

*Samuel Osherson:* Männer entdecken ihre Väter, Freiburg 1993.

*Sturmius Wittschier:* Männer spielen Mann. Dramen mit Gott und Vater, Salzburg 1994.

*Lothar Perlitt:* Der Vater im Alten Testament, in: *Hubertus Tellenbach (Hg.):* Das Vaterbild in Mythos und Geschichte, Stuttgart 1976, S. 50-101.

*Peter Rüesch:* Das grenzenlose Ja. Jesus begegnet Frauen, Stuttgart 1997.

*Helmut Jaschke:* Psychotherapie aus dem Neuen Testament. Heilende Begegnungen mit Jesus, Freiburg/Basel/Wien (3. Aufl.) 1990.

# 4

# Wie kann ich mich in meinen Lebens- entscheidungen von Gott führen lassen?

*»Erkennet doch, dass Gott seine Leute wunderbar führt!«* (Psalm 4,4)

Wer auch immer diese Seiten liest, befindet sich (vielleicht ohne sich dessen bewusst zu sein) auf der Suche nach etwas Geheimnisvollen – auf der Suche nach etwas, das ihn zeitweilig schon hoch beglückt hat und das er doch immer wieder neu finden muss – und kann! Etwas ganz Einzigartiges, noch nie Dagewesenes ist es, das ihm bereits gehört und das nur er finden kann – und soll! – Etwas, das es noch nie zuvor gab und das es auch nie wieder geben wird: *sein ganz persönliches, einzigartiges, einmaliges Leben!*

Auch wenn es uns im Alltag zuweilen klein und unbedeutend erscheint, – es ist etwas noch nie und nirgends Dagewesenes, schon als Rohstoff ein unverwechselbares Unikat: kein Leben ist wie mein Leben! Ganz alltäglich und unerhört aufregend zugleich: wir alle leben und müssen unser Leben doch *immer neu suchen.* Längst ist es da und doch immer noch im Werden: als wunderbares einmaliges Rohmaterial, das uns von unserem

Schöpfer gegeben und zu formen *auf*gegeben ist; als Werkstoff, den wir faszinierend gestalten, aber auch erbärmlich verunstalten können; als Fülle unauslotbarer Möglichkeiten, die wir gewinnbringend nutzen, aber auch tragisch verspielen können. Unser Leben wird von einem Tag zum anderen immer mehr das, was wir aus ihm *gemacht* haben! Niemand kommt bereits als Pianist, als Professor oder als Alkoholiker zur Welt. Entscheidend für den Verlauf unseres Lebens sind vor allem unsere kleinen und großen *eigenen Entscheidungen*. Es gibt leichte, schwierige und überaus folgenreiche Entscheidungen, – ausweichen können wir ihnen in aller Regel nicht. Schon morgens, wenn wir erwachen, müssen wir entscheiden, ob wir aufstehen oder liegen bleiben, was wir anziehen, frühstücken und danach tun. *Wie* wir Entscheidungen treffen ist daher eine *zentrale Lebensfrage!* Leben heißt, sich fortwährend entscheiden dürfen und müssen; sich nicht zu entscheiden, bedeutet: sein Leben aus der Hand zu geben, von Umständen und Mitmenschen gelebt zu *werden*. Wer darauf verzichtet, im Leben mitzubestimmen, wird erleben, dass andere über ihn bestimmen. Auch der Entschluss, einer Entscheidung auszuweichen, ist eine Entscheidung. Schwierigkeiten macht es uns, wenn wir uns entscheiden *müssen*, aber nicht entscheiden *können,* weil wir fürchten, einen Fehler zu machen und etwaige Folgen unserer Entscheidung nicht absehen können; wenn wir Angst vor Veränderungen, vor zu großer Verantwortung oder vor drohenden Konflikten haben. Entscheidungen sind daher oft gefährliche Wagnisse, die uns zuweilen Angst machen können, Sprünge ins Ungewisse, bei denen wir einen kleinen oder größeren Teil(bereich) unseres Lebens aufs Spiel setzen, ein Stück Lebenserfüllung gewinnen oder verfehlen. - Gott will uns auf unserer Suche nach gelingendem Leben konkrete Orientierung geben! Doch dabei nimmt er uns unsere eigenen Entscheidungen nicht ab, sondern möchte, dass wir unsere Entscheidungsfreiheit wahrnehmen, die gerade *uns ganz persönlich* offen stehenden, ureigenen Lebensmöglichkeiten ergreifen.

# 1. Gott hat einen Plan für mein Leben

Wo auch immer wir als Einzelne nun gerade stehen auf unserem Lebensweg, vor welcher Aufgabe, an welcher Kreuzung oder in welcher Sackgasse vielleicht, – ob wir klar sehen, in welche Richtung unser weiterer Weg führt, oder ob wir uns fragen, wohin unser Leben überhaupt führt: gewiss ist, dass Gott selbst mit jedem von uns etwas *vorhat*, dass er für das Leben jedes Einzelnen einen *wunderbaren Plan* hat (Psalm 139,16). Gewiss ist, dass unser aller Leben von *Gott* her eine *großartige Bestimmung, weite Perspektiven und einen bleibenden Sinn* hat! Gottes Zusagen versichern uns, dass wir nicht sinn- und ziellos durch unser Leben irren müssen, bis wir eines Tages erschöpft und kaputt irgendwo am Wegrand liegen bleiben. Die Bibel zeigt an vielen Beispielen, dass Gott den Lebensverlauf seiner Leute nicht unbeteiligt dem Zufall überlässt, sondern ihr Leben konkret in seine Hand nimmt. Sie illustriert, wie Gott seine Leute auf ihrem Lebensweg *individuell führt,* großen Zielen entgegenführt und dabei zu wunderbaren, einmaligen Originalen macht (man denke z. B. an Mose, David, Petrus oder Paulus)! Gott hat sich viel dabei gedacht, als er uns Menschen so individuell und kunstvoll geschaffen hat: Jeden Einzelnen hat er auf ein absolut sinnerfülltes Leben hin angelegt, jedem ganz individuelle, einmalige Perspektiven gegeben.

Wenn wir nun erfahren wollen, wie diese individuellen Ziele aussehen, die Gott unserem Leben gesetzt hat, und auf welchen Wegen er uns zu diesen hinführen will, sollten wir ihn zunächst einfach im Gebet ansprechen und ihm sagen: »Herr, ich möchte von dir wissen, wie ich zu dem von dir versprochenen sinnerfüllten Leben komme und wie ich erkennen kann, was du speziell mit *mir* und *meinem* Leben vorhast. *Führe du* mich meiner göttlichen Lebensbestimmung entgegen« (vgl. Psalm 25,5; 86,11). Und dann sollen *auch wir* erkennen und erleben, was das voranstehende Bibelwort versichert: *dass Gott seine Leute wunderbar führt!*

Nicht wahr, wenn wir das nur sicher wüssten und von uns sagen könnten: Gott führt mich, auch wenn ich so manches in meinem Leben nicht verstehe; ich bin in seiner guten Hand und darum auf einem guten Weg, auch wenn ich zur Zeit nicht weiß, *wie* Gott mich weiterführt. Nicht wahr, wenn wir das nur hundertprozentig wüssten! *Dann* könnten wir kraftvoll leben, getrost Entscheidungen treffen, auch auf unübersichtlichem Gelände mutig vorangehen und mit hoffnungsfroher Gewissheit in die im Einzelnen noch ungewisse Zukunft blicken. Gottes Leute dürfen und sollen wissen: Er wird mich in den vor mir stehenden Fragen und Herausforderungen *leiten* (Psalm 32,8f.); ohne den Willen meines Vaters im Himmel kann mir kein Haar von meinem Haupte fallen (Lukas 21,18); auf seinem Weg kann mir nichts geschehen, was *er* nicht hat ersehen und was mir dienlich ist (Römer 8,28)! *Christenmenschen sollen das wissen!*

Wie aber können wir der Führung Gottes in unserem Leben gewiss werden? Wie kann ich sicher sein, dass es der Weg Gottes ist, auf dem ich unterwegs bin? Wie erkenne ich, wohin und auf welchem Weg Gott mich seinen Zielen entgegenführen will?

Hilfreich ist zunächst die Einsicht, dass der biblische Ausdruck »führen« dem altorientalischen Nomadenleben entnommen ist. Er beschreibt, wie Hirten ihre Schafherden führen (vgl. Psalm 23,3b). Schafe sind eigenartig orientierungslose Tiere. Ein Hund, ein Pferd und auch eine Katze finden aus einiger Entfernung *allein* den Weg zu ihrem Frauchen oder Herrchen zurück; ein entlaufenes Schaf aber ist auf Führung angewiesen, findet ohne einen Hirten nicht nach Hause zurück!

Jesus hat gesagt, dass er »der gute Hirte« (Johannes 10) ist, der Hirte par excellence, und dass er seine Leute durch seinen Heiligen Geist auf ihrem Lebensweg vom Anfang bis zum Ende *persönlich leiten* will (Johannes 16,13f.). Er hat versprochen, dass er sie auf den rechten Weg zurückführt, wenn sie sich auf falschen Wegen verirrt haben (Lukas 15,4ff.), und dass er sie am Ende zurück zu Gott nach Hause bringt. Jesus will uns führen, wie ein Hirte seine Schafe führt, – nur: dabei *behandelt* er uns nicht wie Schafe! Mag es auch zuweilen so scheinen, als hätten wir mit den Schafen mehr gemein, als uns lieb ist, – im Entscheidenden sind wir keine Schafe, sondern *Gottes Ebenbilder,* denen er die Fähigkeit gegeben hat, *selbst* denken, überlegen, abwägen und entscheiden zu können. Es macht unsere menschliche Würde und Verantwortung aus, dass Jesu Führung in unserm Leben unser eigenes Überlegen und Entscheiden nicht aus- sondern einschließt. Auch wenn es anders für uns oft bequemer wäre: *Jesus führt, aber er gängelt uns nicht!* Generell nimmt er uns keine Entscheidung ab, die wir *selbst* treffen können und sollen, sondern nimmt unsere Überlegungen und Wünsche ernst, bezieht unsere Entscheidungen in seine Führung mit ein, – *so, dass wir unser Leben unter seiner Führung SELBST gestalten!*

Gott bestimmt z. B. nicht den sogenannten »einzig richtigen« Ehepartner für uns, sondern gibt uns in der Bibel bleibend gültige geistliche Maßstäbe an die Hand und überlässt uns *selbst* dann die Wahl unseres Partners. Der Plan, den er für unser Leben hat, ist nichts Statisch-Festgelegtes, sondern lässt uns Raum für eigene Entscheidungen. Gott möchte uns *in* unseren Entscheidungen leiten, er nimmt uns diese daher nicht durch »Postanweisungen vom Himmel« ab. Wie Eltern ihre Kinder, so möchte Gott seine Leute zu Eigenverantwortung und geistlicher Reife erziehen. Weil er versprochen hat, sie zu führen, sollten sie viel Mut zu eigenverantwortlichen Entscheidungen haben. Jedoch sollten sie sich hüten vor eigensinnigen, eigenmächtigen Entscheidungen, bei denen sie gar nicht nach seiner Führung fragen. Wenn wir Jesus die Führung unseres Lebens anvertrauen, werden wir unsere eigene Verantwortung dadurch nicht los; aber Jesus übernimmt die *Letzt*verantwortung dafür, dass wir unter seiner Führung *werden*, wozu er uns bestimmt hat, und an dem Ziel *ankommen*, zu dem er uns führen will (vgl. 1. Korinther 1,8; 1. Petrus 1,5). *Mit seinem heiligen Namen steht Gott dafür ein* (Psalm 23,3b; 31,4). Von Gott geführte Menschen haben es wahrlich gut: er übernimmt die Letztverantwortung für das Gelingen ihres Lebens! Denn er hat die Macht, seine Leute vor Irrwegen und Fehlentscheidungen zu *bewahren,* und er vermag sie – wie einst Mose, David, Petrus und andere – aus Sackgassen und von falschen Wegen auf seinen guten Weg *zurückzuführen.*

Wie aber sieht nun Gottes Führung im Leben eines Menschen konkret aus? Wie können wir *erkennen,* dass er seine Leute wunderbar führt? *Wie* und *wodurch* führt er sie? – Drei Dinge, drei Komponenten, vor allem sind es, durch deren Zusammenwirken Gott uns in unseren Lebensentscheidungen leiten möchte:

# 2. Gottes Kompass
## für meinen
## Lebensweg

Gott hat uns erstens einen unverzichtbaren *Kompass* mit auf unseren Lebensweg gegeben: die *Bibel*, durch deren Aussagen er uns Entscheidungsrichtlinien, Orientierung und Wegweisung gibt. Manche Christen verwechseln freilich diesen Kompass mit einer Landkarte. Sie meinen für jede noch so kleine Gabelung ihres Lebensweges in der Bibel eine eindeutige Wegebeschreibung finden zu können und zu müssen, die ihnen ihre eigene Richtungsentscheidung abnimmt. Weil nun aber die Bibel keine klare Auskunft darüber gibt, welchen Arbeitsplatz, welchen Ehepartner oder Wohnort wir wählen sollen, greifen sie bisweilen zu fast mysteriösen Praktiken, um aus ihr dennoch eine »eindeutige« Weisung herauszupressen. Ob es das sogenannte »Bibelstechen« ist, bei dem man mit einem seitlichen Messerstich in die geschlossene Bibel meint, »die richtige Stelle«, eine göttliche Direktanweisung finden zu können, oder das sogenannte »Däumeln« (das Aufschlagen der Bibel mit geschlossenen Augen) oder ein fast magisch entarteter Umgang mit den täglichen Losungen: man kann Bibelsätze geradezu als Orakel- oder Horoskopersatz missbrauchen! Während die Bibel von der *herrlichen Freiheit der Kinder Gottes* spricht (Römer 8,21), verhalten sich manche Christen zuweilen wie entmündigte, verunsicherte, willenlose Befehlsempfänger und Sklaven Gottes. Gott aber möchte uns auch durch die Bibel unsere eigene Entscheidungsverantwortung nicht abnehmen, seine Ebenbilder nicht zu willenlosen Marionetten degradieren, sondern uns *in* unseren Entscheidungsprozessen leiten, – so, dass wir am Ende aus *eigener willentlicher Überzeugung* den Weg einschlagen, den er uns führen möchte! Gott *entmündigt* uns daher nicht durch seine Führung, sondern bezieht uns mit unseren Entscheidungen in sie ein. Er gibt uns keine genaue Landkarte, auf der unser Lebensweg schon in allen Details vorgezeichnet ist, sondern mutet uns zu, die Erfüllung unseres Lebens mit Hilfe des Kompasses Bibel ein gutes Stück weit *selbst* zu finden! Dabei geht Gott das Risiko ein, dass wir zuweilen auch falsche Wege einschlagen, bahnt uns einen Weg, auf dem wir Fehler machen und daraus lernen können: den Weg der Buße und Umkehr (vgl. Apostelgeschichte 11,18). Bei Gott zerbrechen keine Illusionen, wenn seine Leute einmal die Orientierung verlieren, auf einen Umweg oder Holzweg geraten. Er weiß, dass sie es ohne Fehler nicht schaffen, und schreibt sie daher wegen falschen Richtungsentscheidungen nicht ab, sondern bringt sie auf seinen guten Weg zurück, – wenn sie auf seinen Kompass achten und bereit sind, von falschen Wegen umzukehren. *Wäre* die Bibel eine detaillierte Landkarte, würden sie ihren Weg vielleicht *alleine* finden, Gott aber aus den Augen verlieren und im fünften Gang an seinem eigentlichen Ziel für ihr Leben vorbeisteuern: denn dieses letzte Ziel ist *er*, Gott selbst! Die Kompassnadel der Bibel hingegen weist uns zuallererst und zuletzt auf *ihn* hin. Sie hilft uns, ihn näher kennen- und *dadurch* immer besser entscheiden zu lernen, ob ein Weg, der uns offen steht, mit seinem Willen im Einklang steht. Nach dem »einzig richtigen« Weg werden wir an den meisten Kreuzungen unseres Lebens vergeblich Ausschau halten; oft können wir zwischen mehreren möglichen Wegen wählen. Entscheidend ist dabei letztendlich vor allem, dass der von uns gewählte Weg uns näher zu ihm, tiefer in die *Gemeinschaft mit Gott* führt! Ob dies der Fall ist, gilt es daher an jeder Kreuzug gründlich zu prüfen!

# 3. Der göttliche Reiseführer

Als Helfer in solchen Prüfungen hat Gott seinen Leuten neben diesem Kompass auch noch einen *persönlichen Reiseführer* mit auf ihren Weg gegeben, der ihnen hilft, die Kompassnadel immer wieder neu auf Gott selbst und ihre Gemeinschaft mit ihm hin auszurichten: seinen *Heiligen Geist.*

Für uns Menschen, wie wir von Natur aus sind, ist die Bibel in ihrer eigentlichen Botschaft zunächst ein Buch mit sieben Siegeln. Viele ihrer Aussagen lassen sich keineswegs eins zu eins in unser heutiges Leben übertragen. Wenn beispielsweise in ihr geschrieben steht: »*Seid der Obrigkeit untertan*« (Römer 13,1), dann sind aus dieser Anweisung heute, in einer modernen Demokratie mit ihren Möglichkeiten der Mitbestimmung, unter Umständen ganz *andere* Konsequenzen zu ziehen, als das damals, zur Zeit antiker Diktaturen, der Fall war. Um zu verstehen, was Gott uns durch die alten Bibelworte *heute* sagen will, – um in ihnen die *Stimme Gottes* zu hören, sind wir auf die Übersetzungsarbeit des Heiligen Geistes angewiesen. Allein der Heilige Geist kann mir sagen, welche biblische Aussage mir – gerade jetzt und in welcher Weise – in dieser speziellen Situation gilt. Daher macht er uns zum Beispiel in einer bestimmten Lebenslage *bestimmte* Bibelworte wichtig, um uns eine Richtung anzudeuten oder uns vor Irrwegen zu warnen. Aber selten legt er uns auf *einen bestimmten Weg* fest; viel öfter können wir ein Ziel auf verschiedenen Wegen erreichen. Entscheidend ist, dass wir unsere Richtungsentscheidungen immer in Übereinstimmung mit der Richtungsanzeige unseres Kompasses, der Bibel, und im Hören auf unseren göttlichen Reiseführer treffen. Daher sollten wir Gott immer wieder neu um die Leitung seines guten Geistes bitten, die Bibel *betend* lesen und über dem Gelesenen innerlich *stille* werden! Kaum werden wir dabei ein inneres Orakel vernehmen, aber wir werden erfahren, wie sich in dieser nachdenklichen Stille vor Gott die Dinge unseres Lebens ordnen und sortieren. Fragen werden sich klären, die Angst vor einer etwaigen Fehlentscheidung wird uns nicht länger lähmen können, und wir gewinnen Mut, im Vertrauen auf Gottes Beistand und Führung, Schritte zu wagen. Häufig wird uns dann erst später – *im Rückblick* – klar werden, dass Gottes Geist es war, der uns diese Schritte gezeigt und uns wunderbar geführt hat (vgl. 1. Mose 45,18; 50,20). Martin Luther hat gesagt: Die Führung Gottes gleicht einem hebräischen Buch, das man nur von hinten lesen kann. (Hebräische Schrift wird von rechts nach links geschrieben und gelesen. Ein hebräisches Buch beginnt man daher – aus unserer Perspektive betrachtet – auf der *letzten* Seite zu lesen.)

Ein eindrückliches *Beispiel,* wie Gott Menschen durch seinen Geist führen kann, schildert die Bibel in der Apostelgeschichte (Kap. 16,6-10):

Paulus steht am Ende seiner ersten Missionsreise, auf der er Kleinasien durchreist hat. Was nun? Was soll er jetzt weiter tun? Wie sieht Gottes Führung aus? – Paulus stellt sorgfältige missionsstrategische Überlegungen an, denkt über die Bedürfnisse der von ihm gegründeten Gemeinden nach und steht, – das zeigen seine späteren Briefen –, in ständigem Gebet für sie. Er gebraucht seinen *Verstand, plant* ganz nüchtern und vernünftig seine weitere Arbeit, aber er tut dies nicht eigenmächtig, sondern in der Zwiesprache mit Gott und seinem Begleiter Barnabas. Während diesem Entscheidungsfindungsprozess wird ihm klar, was als Nächstes dran ist: die von ihm gegründeten, noch sehr jungen und kleinen Gemeinden bedürfen weiterer innerer Stärkung. Darum kann es kaum der Wille Gottes sein, dass Paulus nun daheim, in seiner Heimatgemeinde in Antiochia bleibt; vielmehr erkennt er die Notwendigkeit einer »Visitationsreise«, um diese Gemeinden in ihrem Wachstum weiter zu fördern (Kap. 15,36). Und Gott bestätigt die Durchführung dieses Planes – im Nachhinein! – durch seinen Segen (Kap. 16,5). Nur dieser eine Schritt, nur die Notwendigkeit eines erneuten Besuches dieser Gemeinden, war Paulus klar geworden – mehr nicht. Gott zeigt ihm den *nächsten* Schritt erst, nachdem er diesen ersten Schritt *gegangen* und entsprechend seiner Erkenntnis Schritt für Schritt, von Ort zu Ort, von einer Gemeinde zur anderen gereist *ist*. Dies tut dann Gott nicht durch eine von vornherein klare, positive Weganzeige, sondern zunächst dadurch, dass er seinen Apostel vor *unguten Wegen bewahrt:* »*Als sie aber Phrygien und Galatien durchzogen, wurden sie von Gottes Geist gehindert, das Evangelium in Asia zu verkündigen ... Dann versuchten sie nach Bithynien zu reisen, aber der Geist Jesu erlaubte es ihnen nicht*« (Kap. 16,6f.).

Paulus bleibt also nach seinem ersten Schritt nicht untätig stehen, bis ihm eine klare weitere göttliche Wegweisung zuteil wird, sondern erfährt Gottes Willen für sein weiteres Tun *im Wagnis des Weitergehens*, im Befolgen des von Jesus *grundsätzlich* Gebotenen: Da Paulus keine *besondere* göttliche Anweisung erhält, hält er sich bis auf weiteres an den *allgemein* und *immer* gültigen Missionsauftrag Jesu: »*Gehet hin und machet zu Jüngern alle Völker*« (Matthäus 28,19). So weiß er sich auch *ohne besondere* göttliche Wegweisung nicht eigenmächtig, sondern im Namen und Auftrag und unter der Verheißung seines Herrn Jesus Christus unterwegs: »*Ich bin bei euch alle Tage bis an der Welt Ende*« (Matthäus 28,20).

Im Gehorsam gegenüber dieser *grundsätzlichen, allgemein* gültigen Weisung Jesu, die ihm als Kompassnadel die grobe Richtung seines Weges zeigt, erfährt Paulus dann Gottes *konkre-*

*te* Wegführung: Er lässt sich zunächst auf die ihm offenstehen-
den Möglichkeiten des Weitergehens ein und macht *im Weitergehen* die Erfahrung, dass Gott ihm Türen verschließt, Pläne
durchkreuzt und zunächst offen erscheinende Wege nach und
nach als seinem Willen widersprechende Wege verbaut. *Wie* dies
geschah, – ob durch die Eingebung einer inneren Gewissheit
oder durch unüberwindliche äußere Hindernisse – wird uns nicht
berichtet. Gott hat viele und sehr unterschiedliche Mittel, seinen
Leuten ungute Wege zu versperren. Entscheidend ist, dass er ihnen durch solche Hindernisse hinreichend deutlich macht, dass
solche verbauten Wege nicht *seine* Wege sind.

Paulus hat keine weitere positive Wegweisung, sondern bisher
nur Gottes Nein zu den Wegen nach Asia und Bithynien bekommen. Verständlich, wenn er meint, dringend wissen zu müssen,
wie es nun weitergehen soll. Aber Paulus muss warten – nicht nur
auf Gottes weitere Wegmarkierung, sondern auch auf den von
Gott bestimmten Zeitpunkt, zu dem Paulus diesen Weg betreten
soll. Wie gut, dass der Apostel nun nicht versucht, mit dem Kopf
durch die Wand zu gehen, – als ob Gott seine Leute je vor lauter
verschlossenen Türen stehen und ohne weitere Wegweisung ließe!
Niemand ist mehr daran interessiert, dass sie seinen Weg finden
und gehen, als Gott selbst! Doch auch als Paulus die beiden Türen
nach Asien und Bithynien von Gott verschlossen sind, ist sein
Warten kein untätiges Herumstehen: im Warten auf Gottes weitere Weganweisung wagt er den Schritt auf den ihm jetzt noch offen stehenden *dritten* Weg: Paulus geht nach Troas, dem alten sa-
genumwobenen Troja, einer Hafenstadt an der Mittelmeerküste
der heutigen nordöstlichen Türkei. Und hier am Meer, dessen
Überquerung der Apostel kaum *ohne positive innere Gewissheit*
wagen konnte, schenkt Gott ihm eine neue, ungeahnte, weite Perspektive: *»Da erschien ihm bei Nacht ein Gesicht: Ein makedoni-
scher Mann, der ihn bat und sagte: Komm herüber nach Makedo-*

*nien und hilf uns!«* (Kap.16,9). Für eine besondere, außergewöhnliche Berufung wählt Gott hier ein besonderes, außergewöhnliches Mittel: ein Gesicht, eine innere von Gott inspirierte bildhafte Mitteilung. Nicht immer sind Gesichte Mitteilungen Gottes! Entscheidend ist, dass sie – wie hier – nicht aus dem bloßen Inneren eines Menschen, sondern »von oben«, von Gottes Geist herkommen und einer entsprechenden *Deutung* unterzogen werden. Es ist daher aufschlussreich, dass die Apostelgeschichte (wörtlich im griechischen Grundtext) berichtet, dass *»sie – das Zeichen deutend (!) – gewiss wurden«* (Kap.16,10b), von Gott zur Verkündigung des Evangeliums nach Mazedonien berufen zu sein. – Nur Paulus hatte dieses Gesicht, aber er deutete es nicht allein, sondern im gemeinsamen, beratenden Dialog (und gewiss auch im gemeinsamen, vergewissernden Gebet) *mit seinem Begleiter Silas!*

Wer den außerordentlich erfolg- und segensreichen weiteren Verlauf dieser Missionsreise des Paulus und Silas nachliest, wird daraus im Nachhinein unschwer erkennen, wie überaus wichtig und lohnend es ist, die Führung des Geistes Gottes abzuwarten und ihr auch im eigenen Leben rückhaltlos zu vertrauen, auch wenn sie zuweilen rätselhaft erscheint und zunächst nur darin besteht, dass sie uns ungute Wege versperrt. Und er wird zu ahnen beginnen, wie förderlich der Vergewisserung dieser Führung beratende Gespräche und Gebete mit einem ihm vertrauten Mitchristen sind!

## 4. Unsere natürlichen Orientierungsorgane

Gott gibt uns Menschen nicht nur die Bibel als Kompass und seinen Geist als Reiseführer, er gebraucht darüber hinaus auch unsere *natürlichen Orientierungsorgane,* um uns auf unserem Lebensweg zu leiten:

**A.** Jens, ein dreißigjähriger Christ, möchte bei einer evangelistischen Großveranstaltung in seiner Stadt erstmals als Seelsorger mitarbeiten. Freunde aus seiner Gemeinde haben ihm dazu Mut gemacht durch die Zusicherung: Du hast eine Begabung zur Seelsorge! Jens hat daraufhin zunächst entsprechende Schulungen besucht und sich gewissenhaft auf diese Aufgabe vorbereitet. Dann ist es soweit: Bereits am ersten Abend bleiben viele Besucher zu einer persönlich-seelsorglichen Aussprache zurück. Auch Jens wird von einem jungen Mann um ein Gespräch unter vier Augen gebeten. Um nicht allzu laut reden zu müssen und die benachbarten Gesprächspaare im Seelsorgeraum nicht zu stören, setzen sich beide auf zwei Stühlen dicht beieinander. Jens gibt sich große Mühe, auf die Fragen seines Gesprächspartners einzugehen. Doch schon bald bemerkt er, dass dieser mit seinem Stuhl Zentimeter für Zentimeter auf Distanz rückt, sich von Jens immer mehr zurückzieht. Schließlich unterbricht er das Gespräch ohne eine Erklärung – mit der Bitte, es zu beenden. Enttäuscht und ratlos bleibt Jens wie angewurzelt sitzen auf seinem Stuhl. Selbstzweifel steigen in ihm auf: was habe ich nur falsch gemacht? Ob ich mit meinen Aussagen zu direkt war oder für eine so sensible Aufgabe doch nicht begabt genug bin? Vielleicht möchte Gott gar nicht, dass ich in der Seelsorge mitarbeite, oder ob am Ende etwa der Wunsch dieses jungen Mannes nach einem *seelsorglichen* Gespräch gar nicht ernst gemeint war?

Während Jens sich mit solchen quälenden Zweifeln herumschlägt, beobachtet er, dass der junge Mann sich zu einem *anderen* erfahrenen Seelsorger am Ausgang des Raumes begeben hat und mit diesem in ein engagiertes Gespräch eintritt. Jens kann es nicht fassen: die beiden beten schließlich sogar zusammen. Dann verabschieden sie sich voneinander und verlassen nacheinander den Raum. Jens geht diesem anderen ihm bekannten Seelsorger nach und berichtet ihm in allen Einzelheiten von seiner großen

Enttäuschung: »Gewiss bin ich für die Seelsorge viel zu wenig begabt! Für eine solche Aufgabe sollte man sich der Führung des Heiligen Geistes sicherer sein, darum werde ich aus der Seelsorgearbeit wieder aussteigen!« – »Ich kann deine Enttäuschung verstehen«, entgegnet ihm daraufhin der erfahrene ältere Seelsorger liebevoll, »aber aus dem, was mir eben dieser junge Mann erzählte, und – bitte verzeih! – auch aus der augenblicklichen Unterhaltung mit dir, ziehe ich einen *anderen* Schluss: Ich bin gewiss, dir hat es heute abend weder an Begabung noch an Führung durch den Heiligen Geist gefehlt. Aber für ein solches intimes Seelsorgegespräch unter vier Augen braucht man nicht nur die Hilfe des Heiligen Geistes und viel Sensibilität, – um des andern willen braucht man dazu ebenso einen frischen Atem und darum – bei Bedarf – ein *Bonbon oder Mundspray!*«

»Der Heilige Geist ist ein Freund des *gesunden Menschenverstandes*, denn dieser ist eine Gabe Gottes!«, hat der erfahrene Seelsorger Charles Haddon Spurgeon seinen Seminaristen immer wieder eingeschärft. – Freilich, die Bibel lehrt (Sprüche 3,5), dass wir uns nicht auf unseren Verstand verlassen sollen, aber sie sagt nirgends, dass wir unseren Verstand *verlassen* sollen! weggeben

Dass wir nicht mehr Geld ausgeben sollten, als wir einnehmen, Probleme in der Ehe nicht erörtern sollten, wenn unser Ehepartner erschöpft und müde ist, – dass wir nicht zuviel, aber gut essen und trinken sollten, uns viel bewegen und oft genug ausschlafen sollten – diese und ungezählte andere Wegweisungen gibt uns Gott durch unseren *natürlichen Verstand!* Wieviele Probleme blieben uns erspart, wenn wir diese großartige Gabe Gottes mehr einsetzen, die Folgen etwaiger Entscheidungen nüchterner abschätzen und unsere eigenen Fähigkeiten und Grenzen realistischer einschätzen lernten!

Eine wichtige Hilfe für eine konkrete Entscheidungsfindung kann es sein, zunächst ganz sachlich das Für und Wider eines etwaigen Entschlusses zu erwägen und dann in einer Plus-Minus-Liste gegeneinandner abzuwägen, welche Argumente für und welche gegen diesen Entschluss sprechen. Ein schriftliches, anschauliches Auflisten aller in Frage kommenden Gesichtspunkte bringt Ordnung und Klarheit in unsere Überlegungen. Am Ende dieser »Ordnungsphase« sollten dann die einzelnen Plus- und Minuspunkte nicht einfach nur je für sich summiert, sondern nach ihrem unterschiedlichen Gewicht auch jeweils besonders gewertet werden.

B. Nicht nur unseren Verstand, auch unsere *natürlichen Neigungen und Begabungen* können in Entscheidungssituationen Wegweiser Gottes sein. Wem Gott zum Beispiel die Gabe der Musikalität versagt hat, den will er wohl kaum zu einem Musiker machen. Umgekehrt sind Begabungen und Neigungen oftmals ein Hinweis auf den Willen Gottes in unserem Leben, denn durch seine Führung möchte er das, was er uns als Schöpfer gab, nicht vergewaltigen oder zerstören, sondern zur Entfaltung und Erfüllung bringen! Spüren wir also in Entscheidungsprozessen immer auch unseren natürlichen Neigungen nach; prüfen wir, für welche Aufgaben und Angelegenheiten wir ein *Herz* haben, aber verwechseln wir das nicht mit dem Lust-und-Laune-Prinzip, das nur bejaht, was Spaß macht, und Anstrengungen und Schwierigkeiten prinzipiell zu vermeiden sucht.

C. Nicht zuletzt sollten wir auch die Stimme unseres *Gewissens* in unsere Entscheidungsprozesse mit einbeziehen, denn wir werden in einer Angelegenheit nie zu wirklicher Erfüllung kommen, wenn wir über ihr in Zwiespalt mit unserem eigenen Inneren, mit unserem Gewissen geraten. Freilich ist die Stimme unseres Gewissens nicht einfach mit der Stimme Gottes identisch, sondern von den Stimmen unserer Erzieher und Mitmenschen mit beeinflusst. Und doch bewahrt sie uns davor, uns über Fehlentscheidungen zu freuen, auf unguten Wegen glücklich und zufrieden zu sein oder zu werden! Darum sagt die Bibel, dass der *»Friede«* Gottes *»Schiedsrichter«* in unserem Inneren sein soll (Kolosser 3,15 wörtlich übersetzt). Beachten wir: Ein Schiedsrichter greift nicht dauernd, sondern erst dann ein, wenn etwas falsch läuft, – erst wenn durch die Nichtbeachtung der (Spiel-) Regeln Gefahren oder Konflikte drohen, also nicht im normalen Regel-, sondern erst im Ausnahme- oder Konfliktfall! Wenn wir dann vor der Frage stehen, wie wir uns entscheiden sollen, welchen Weg wir weiter gehen sollen, soll ausschlaggebend sein, ob wir über unserer geplanten Entscheidung zum Frieden gelangen – zum Frieden mit uns selbst, unseren Mitmenschen und mit Gott. Diesen Frieden finden wir im Konfliktfall nicht einfach durch natürliche Nachgiebigkeit und Weichheit; dieser Friede ist vielmehr immer auch eine Frucht vertrauensvoller Übereinkunft mit dem Willen Gottes, zu der Gott uns je neu den Weg *im Gebet* (Philipper 4,6f.) zeigen möchte. Weil Gott grundsätzlich nie etwas anderes will als das, was er selbst in seinem Wesen ist, gilt es, sich im Gebet und im Lesen der Bibel *mit ihm vertraut* zu machen, wenn wir seinen konkreten Willen für unser Leben erkennen wollen. Daraus ergibt sich zum Beispiel, dass wir uns in allen Entscheidungen auch von der *Liebe* zu Gott, zu uns selbst und zu unseren Mitmenschen leiten lassen sollten, denn *»Gott ist Liebe«* (1. Johannes 4,16). Seinen Willen erkennen, heißt daher immer auch: erkennen, wozu uns die Liebe drängt!

– Als die Liebe ist Gott zugleich *Geist* (Johannes 4,24), und als solcher möchte er uns nie in Enge und Zwänge, sondern stets in die *Freiheit* führen (2. Korinther 3,17): in die Freiheit von zwanghaften Gewohnheiten, von Feigheit und Bequemlichkeit, vom Sich-mit-anderen-vergleichen-Müssen, von der Angst, Neuanfänge zu wagen oder von anderen belächelt zu werden. Gottes Willen erkennen, bedeutet daher immer auch: erkennen, wohin mich sein Lockruf der Freiheit ruft.

Zusammenfassend lässt sich resümieren, dass die angeführten natürlichen Orientierungsorgane bei der Suche nach dem besten Weg zwar nie *hundertprozentig verlässlich*, gleichwohl aber überaus *hilfreich* sind: Unser Verstand ist nicht allwissend, unsere Begabungen und Neigungen sind nicht untrüglich, und unser Gewissen ist nicht unfehlbar. Und doch hat uns unser Schöpfer diese Orientierungsorgane *nicht gegeben, um uns durch sie zu täuschen, sondern um uns Orientierung, Hinweise auf seinen Willen für unser Leben zu geben!* Unerlässlich ist es jedoch, diese natürlichen Hinweise auf ihre Übereinstimmung mit den ausdrücklichen Wegweisungen Gottes in der Bibel hin zu prüfen. Bei einer solchen gewissenhaften Prüfung werden wir immer neu feststellen, dass Gott es in seinem Wort nie darauf anlegt, uns zu entmutigen (Jesaja 42,3!) oder zu lähmen. Anweisungen, die mir jeden Mut und jede Hoffnung zu nehmen drohen, stimmen ebenso wenig mit dem Willen Gottes überein wie solche, die mir genau das sagen, was ich immer schon allzu gerne hören wollte.

Hilfreich ist darüber hinaus die Einsicht, dass es im Blick auf die Erkenntnis des Willens und der Führung Gottes in unserem Leben grundsätzlich kein Patentrezept mit umgehender Erfolgsgarantie gibt. Wie das angeführte Beispiel aus dem Leben des Paulus erkennen ließ, kann es sein, dass Gott uns im Blick auf manche Fragen eine Zeit der Ungewissheit zumutet, in der wir nicht wissen, wie es weitergehen soll. Dann gilt es, geduldig zu warten: *»Geduld ist euch Not, damit ihr den Willen Gottes tut und das Verheißene empfangt!« »Darum werft euer Vertrauen nicht weg, welches eine große Belohnung nach sich zieht!«* (Hebräer 10,36 und 35) Es gibt gleichsam »Zeiten der Windflaute« in unserem Leben mit Gott, in denen wir nichts anderes tun sollen, als unser Lebensboot mit gehisstem (!) Segel in Wartestellung zu halten, bis Gott es durch frischen Wind wieder in Fahrt bringt. Aber nicht immer ist Abwarten das richtige Verhalten: Es gibt auch die Geduld der Henne auf dem Porzellanei; und ein Auto, das in Bewegung ist, lässt sich bekanntlich leichter lenken. Bisweilen mag es sogar unmöglich sein abzuwarten, weil die Umstände eine rasche Entscheidung fordern. Dann gilt es betend und anhand der genannten Entscheidungshilfen das Nötige anzupacken. Ermutigend und ungeheuer tröstlich ist dabei die Gewissheit, dass Gott seine Leute auch in Zeiten der *Ungewissheit führt* – wenn sie bereit sind, sich von ihm führen zu *lassen* und seiner Führung Folge zu leisten. Führungen Gottes sind *nichts Außergewöhnliches* im Leben eines Christen; für Gott ist es das *Normale*, dass er seine Kinder an die Hand nimmt und führt (vgl. Psalm 32,8f.)! Christen stehen daher nicht von ungefähr da, wo sie stehen; sie sollen und können darum über ihrer Lebenssituation inneren Frieden haben, – solange, »bis der göttliche Schiedsrichter pfeift« und ihnen klar und deutlich macht, dass er Veränderungen in ihrem Leben herbeiführen möchte. Geführt von dem Gott, der alles kann und regiert, sollen sie wissen, dass denen, die ihn lieben, *alle Dinge zum Besten* dienen müssen (Römer 8,28); – dass er uns wohl manchmal *Um*wege führt, weil er besser als wir weiß, was gut für uns ist; – dass er uns jedoch nie auf *Ab*wege und immer zu seinem guten *Ziel* mit uns führt!

# 5

# Die Gerechtigkeit Gottes und die Frage nach dem Vorherbestimmtsein des Menschen zum Heil oder Unheil

Es gibt viele Gründe, nach der Gerechtigkeit Gottes zu fragen – und wohl kaum einen mit dem Handeln Gottes in unserer Welt rechnenden Menschen, der diese Frage noch nicht gestellt hat. Wie kann ein gerechter Gott zulassen, dass es den einen so unverdient gutgeht und anderen so unverdient schlecht? Wie ist es mit seiner Gerechtigkeit vereinbar, dass der eine beneidenswert begabt und gesund zur Welt kommt und ein anderer genetisch krank und behindert?, – dass die einen in Wohlstand und Überfluss schwelgen und die anderen an Hunger und Elend zugrunde gehen?, – dass einige zu Höherem »berufen« sind und viele es trotz Aufbietung aller Kräfte »beruflich« kaum zu etwas bringen? Wo ist denn Gott in solcher zum Himmel schreienden Ungerechtigkeit? Müsste ein gerechter Gott nicht in unserer Welt das Prinzip der Chancengleichheit und Gleichbehandlung geltend machen?

Noch bedrängender wird diese Frage, wenn man sie – wie das im Folgenden geschehen soll – als *die Schicksalsfrage des Men-*

*schen überhaupt* versteht: Warum erfahren sich die einen von Gott unverdient zum ewigen Heil berufen und nehmen dieses dankbar an, während die anderen von einer solchen Erfahrung nichts zu berichten wissen und der Verkündigung dieses Heils gegenüber verschlossen bleiben? Wenn Gott seine Gnade und Liebe allen Menschen bedingungslos schenkt, warum nehmen so viele dieses Geschenk nicht an? Sind denn im Blick auf die Annahme dieses Heils wirklich alle Menschen *gleich* dispositioniert? Räumt Gott wenigstens in *dieser* Hinsicht allen Chancengleichheit ein, so dass die Entscheidung für oder gegen dieses Geschenk tatsächlich von *ihnen selbst* zu verantworten ist? Oder bestimmt *er* insgeheim darüber, welcher Mensch es annimmt oder ablehnt? Sollte Gott am Ende gar *wollen*, dass zu seinem in Jesus Christus gemachten Heilsangebot nur eine kleine Minderheit Ja sagt? Sollten die Dinge *so* stehen, – warum dann noch Mission, Evangelisation, Ruf zum Glauben an Jesus Christus, – wenn es gar nicht in der Macht der Gerufenen steht, auf diesen Ruf in Freiheit zu antworten?! – Diesen und ähnlichen, verwandten Fragen soll im Folgenden nachgegangen, zunächst aber ein Abschnitt aus dem Brief des Paulus an die Gemeinde in Rom vorangestellt werden – eine biblische Schlüsselstelle zu unserem Thema:

*»Im Alten Testament steht von Gott geschrieben: Jakob habe ich geliebt, aber Esau habe ich gehasst. – Was sollen wir nun hierzu sagen? Ist Gott denn ungerecht? Auf keinen Fall! Denn er sagt zu Mose: Wem ich gnädig bin, dem bin ich gnädig, und wessen ich mich erbarme, dessen erbarme ich mich. – So liegt es denn also nicht an jemandes Wollen oder Laufen, sondern an Gottes Erbarmen. Im Alten Testament sagt Gott zu Pharao: Eben dazu habe ich dich bestimmt, dass ich an dir meine Macht erweise und damit mein Name auf der ganzen Welt verkündigt*

*wird. – So erbarmt Gott sich nun, wessen er will, und er verstockt, wen er will.*

*Nun wirst du einwenden: Warum beschuldigt Gott uns dann noch, wenn doch niemand seinem Willen widerstehen kann? Darauf sage ich: Wer bist du Mensch, dass du meinst, mit Gott ins Gericht gehen zu können? Spricht etwa ein Kunstwerk zu seinem Schöpfer: Warum machst du mich so? Ist nicht ein Töpfer Herr über seinen Ton? Kann er nicht aus demselben Lehmklumpen ein wertvolles und ein gewöhnliches Gefäß bilden? Weil Gott seinen Zorn und seine Macht sichtbar werden lassen wollte, hat er die Gefäße des Zorns mit großer Geduld ertragen, die zum Verderben bestimmt waren, damit er den Reichtum seiner Herrlichkeit kundtue an den Gefäßen seiner Barmherzigkeit, die er zuvor geschaffen hatte zur Herrlichkeit. – Dazu hat er uns berufen, nicht allein aus dem Volk der Juden, sondern auch aus den Heiden«* (Römer 9,13-24*).*

Zu den erstaunlichsten Erscheinungen in der Natur gehören gewiss die Flüge der verschiedensten Arten von *Zugvögeln*. Faszinierend, wie diese kleinen Geschöpfe oftmals tausende von Kilometern fliegen – ohne Kompass und ohne Landkarte – und dabei so gut wie nie ihr Ziel verfehlen! Ornithologen stellten (durch entsprechende Versuche) fest, dass sogar von ihren Eltern isoliert, in einem großen klimatisierten Käfig aufgezogene Jungtiere, die selbst noch nie auf Reisen waren, zu einer bestimmten Zeit anfingen, sich ein ihrer Gattung entsprechendes genau bemessenes Fettpolster anzufressen. Alsdann gerieten diese Jungvögel in Unruhe und flogen zunächst immer wieder in Richtung Süd-West (in Richtung Spanien) und danach immer wieder in Richtung Süden (in Richtung Afrika). Weder eine klimatische Veränderung noch das Vorbild ihrer Eltern hatte sie dazu veranlasst; keines dieser Tiere kam weiter, als es der Käfig erlaubte, und doch mussten sie alle fliegen! Allein durch ihre Erbanlagen sind Zugvögel zu solchem Verhalten vorprogrammiert. Ein »Wunder« in der Natur!

Was wir in der Welt der Natur an Tieren bestaunen, gewinnt nun geradezu schauerliche Züge, wenn wir es auf den Menschen übertragen: Sind wir Menschen *auch* vorprogrammiert? Sind wir in dem, was wir können und nicht können, erreichen und nicht erreichen, tun und lassen genetisch etwa so angelegt, dass wir gar nicht anders *können*, als so zu handeln, wie wir handeln? Sind vielleicht gar Ausgang und Ziel unseres Lebens schon längst zuvor von Gott vorherbestimmt, so dass in der Theologie zurecht von »Prädestination«, von Vorherbestimmung, gesprochen wird? Gibt es vielleicht sogar eine »doppelte Prädestination«, nach der Gott die einen letztendlich zum ewigen Heil und die anderen zum ewigen Verderben vorherbestimmt hat, wie Paulus im voranstehenden Bibeltext offenbar anzudeuten scheint?

Setzt man die Existenz Gottes voraus, so gibt es *rein rational und logisch konsequent* auf diese Fragen letztlich nur zwei gleicherweise gespenstische Antworten: *Entweder* wir Menschen sind autonom, frei von Gott, zu absoluter Freiheit und Selbstbestimmung »verdammt«, wie zum Beispiel der französische Philosoph Sartre meint. Gott wäre dann nicht Lenker und Regent der Welt, sondern allenfalls unbeteiligter Zuschauer des Weltgeschehens, der teilnahmslos zusieht, wie wir Menschen uns selbst und unsere (Um-)Welt zugrunde richten. Wir selbst wären dann ganz unter uns, völlig bindungslos, in einer schauerlichen Welt ohne Gott, ohne Autorität, in der letztlich alles gleich gültig wäre und in der sich alle alles erlauben können, sofern sie nur die Macht dazu haben! *Oder:* Wir Menschen sind im Grunde ohne authentischen Eigenwillen, unfrei, bloße Marionetten, mit denen Gott sein mehr oder weniger grausames Spiel treibt!

Auf die Bibel können sich beide Antworten schon deshalb *nicht* berufen, weil sie von der Voraussetzung ausgehen, wir

Menschen könnten von einem Standpunkt *außerhalb* unseres *Verhältnisses* zu Gott, außerhalb seiner *Geschichte* mit uns, als neutrale, unbeteiligte *Zuschauer* spekulieren. Die Bibel hingegen lehrt uns, dass wir bereits aufgrund unseres Von-Gott-Geschaffen- und Erhaltenseins immer schon in einer konkreten *Beziehung* zu unserem Schöpfer stehen, aus der wir uns faktisch nicht herausmanövrieren können, – in einer durch unsere Sünde gestörten Beziehung, die Jesus Christus, der Sohn Gottes gekommen ist, durch sein Sterben für uns auf eine neue Basis zu stellen. Von daher ist es eine Illusion zu meinen, wir Menschen könnten gleichsam neutral, von einem Standort *jenseits* dieses Gott-Mensch-Verhältnisses zutreffende Aussagen über Gott machen. Ob wir wollen oder nicht: Wir stehen immer schon in einer bestimmten, durch unsere persönliche Biographie mitbestimmten Beziehung zu Gott, von der wir gedanklich nicht abstrahieren dürfen, wenn wir über Gott nachdenken. Auch der Gedanke einer göttlichen Vorherbestimmung schließt mit ein, dass ich selbst bereits, der ich diesen Gedanken denke, von dieser göttlichen Verfügung selbst *umgriffen* bin!

Die Bibel stellt daher die Frage nach Gottes Vorherbestimmung nicht abstrakt, theoretisch-intellektuell, sondern *persönlich existenziell*, – im Blick auf die voranstehenden Aussagen des Paulus etwa so: Könnte es nicht sein, dass du dich über das Schicksal Esaus, Pharaos und einen hartherzigen, despotischen Gott aufregst und dabei gar nicht merkst, dass Gott durch sein in der Bibel bezeugtes, heute an dich gerichtetes Wort mit *dir* ein persönliches, direktes und dringliches Gespräch sucht?! Wir alle, die wir darüber nachdenken, sind doch bei diesem Thema nicht außen vor, sondern persönlich angesprochen in dem zitierten Bibeltext. Auch dieser Abschnitt gehört ja zum Evangelium der Bibel, ist Teil der guten *Nachricht Gottes an uns* und als solcher nur aus ihrem Gesamtzusammenhang, als sein an uns gerichtetes Wort richtig zu verstehen: als *Botschaft* Gottes an uns, als Anruf eines Gottes, der um uns Menschen ringt und bangt, weil er uns *alle retten* will (vgl. Johannes 3,16f.; 1. Timotheus 2,4)!

Dieser Einsicht entspricht eine weitere, die Beachtung verdient: Die Fragen, die im voranstehenden Bibeltext gestellt werden, machen nicht etwa einem Atheisten, für den Gott gar nicht existiert, der an Gott nicht mehr glauben kann oder will, Kopfzerbrechen. Sie werden vielmehr von einem *Evangelisten* gestellt, der sich im damaligen Römischen Reich die Hacken abgelaufen hat, weil er um den *universalen Heils- und Rettungswillen* Gottes wusste! – Bevor wir auf diese Fragen im Einzelnen eingehen, sei zunächst der unserem Bibeltext im Römerbrief voranstehende Gedankengang rekapituliert, vor dessen Hintergrund Paulus unser Thema entfaltet:

In acht langen Kapiteln hat Paulus im Römerbrief zuvor von einem schier unglaublichen Geschehen gesprochen: davon, dass Gott Mensch wurde, in unsere Haut schlüpfte und sich von uns, seinen Geschöpfen, an unserer Stelle kreuzigen ließ. Der ewige Gott starb unseren Tod, damit wir Anteil an seinem ewigen Leben bekämen! Paulus gerät über diesem Geschehen ins Jubeln, ins Triumphieren: Nichts, aber auch gar nichts kann uns Menschen mehr trennen von der großen Liebe Gottes zu uns (Römer 8,31-39). Wir sind von dem Abweg, der uns in ewiges Verderben geführt hätte, gerettet – ohne unser Dazutun, allein durch den Glauben, allein durch den Glauben an das, was Gott in Jesus Christus für uns tat (Römer 3,21-26)!

- Wo aber kommt dieser Glaube her? Als ob *das* ein Mensch *aus sich heraus glauben* könnte: dass *Gott* wurde wie unser einer, unser Leben lebte, unseren Tod starb!, – dass wir Gottes Zorn verdient haben und nun von ihm begnadigt sind! Diese Nachricht ist so unglaublich, sie *kann* von sich aus niemand glauben. Wo also kommt der Glaube an sie her? – Erst und gerade vor dem *Hintergrund dieser Überlegungen* gerät Paulus im voranstehenden Bibeltext ins Fragen: Wenn es nicht mein Verdienst ist, dass ich der rettenden Nachricht von Gottes Handeln in Jesus Christus glauben kann und dadurch Christ bin, – ausgerechnet ich, der ich früher der erbittertste Gegner dieses Glaubens war (1. Timotheus 1,12), warum gehen dann meine jüdischen Volksgenossen verloren (Römer 9,2f.), weil *sie* diesen rettenden Glauben *nicht* haben? Ist denn Gott ungerecht, dass er ihn den einen schenkt und den anderen nicht? – Vier Aspekte der Antwort des Paulus auf diese Fragen sollen im Folgenden entfaltet werden:

## 1. Gott ist nicht ungerecht, sondern souverän in seinem Erbarmen mit uns!

*Jakob wurde von Gott geliebt, Esau gehasst«* – so das voranstehende Zitat des Paulus aus dem Alten Testament. Um seinen Inhalt zu verstehen, müssen wir zunächst beachten, dass die Bibel, wenn sie Gott »Hass« oder »Zorn« zuschreibt keinen emotionalen Affekt oder irrationalen Wutausbruch meint. Das Ganze der im Alten Testament überlieferten Geschichte Gottes mit Jakob und Esau (1. Mose 25ff.) lässt deutlich werden, dass Gottes Hass gegen Esau weder eine vernichtende, Esau zugrunde richtende Wut war, noch ein vorzeitiger Ausschluss vom Heil – beziehungsweise eine Vorherbestimmung zum ewigen Verderben. Wohl aber zeigt sie auf, dass das von Paulus angeführte Zitat für eine *Bevorzugung* des einen vor dem anderen steht, für die auf seiten der beiden Brüder selbst kein Grund zu finden ist (vgl. Römer 9,11-12!). Auch Esau wurden Gesundheit, Reichtum, Nachkommen und ein in vieler Hinsicht gesegnetes Leben von Gott geschenkt (1. Mose 36), aber dieser Segen reichte nicht an den heran, den sein Bruder Jakob erhielt (1. Mose 27,38-40). Gottes Hass kam darin zum Tragen, dass er Esau verwarf, das heißt: ihm im Unterschied zu Jakob keinen Platz innerhalb seiner weiteren Geschichte mit Israel einräumte, ihn nicht zum Segen für andere im Blick auf seine künftige *Heilsgeschichte* mit Israel und den übrigen Völkern der Welt setzte.

- Eine Ungleichbehandlung, gegen die unser Gerechtigkeitsempfinden protestiert und auf die Paulus mit dem Hinweis auf Gottes *souveräne Freiheit* antwortet:»*Wem Gott gnädig ist, dem ist er gnädig und wessen er sich erbarmt, dessen erbarmt er sich.*« Zu beachten und wesentlich für das Verständnis dieser Antwort ist, dass Paulus hier nicht von einer abstrakten Freiheit, nicht von einer Willkür oder Laune Gottes spricht, sondern von der souveränen Freiheit der *Gnade* und des *Erbarmens* Gottes! *Gott ist in der Gewährung seiner Gnade und seines Erbarmens souverän,* - während *wir* meinen, Gott auf die Begnadigung und Rettung aller Menschen festlegen zu können, - meinen, Gott müsse alle gleich behandeln, konsequent und in diesem Sinne »gerecht« sein, - meinen, ein gerechter Gott *müsse* sich *generell aller* Menschen erbarmen. Aber haben wir dazu ein Recht? - ausgerechnet wir, die wir als Christen von der *In*konsequenz Gottes leben?, - davon nämlich, dass Gott *nicht* konsequent alle Menschen nach ihrem Tun - das heißt: nach ihren Sünden! (Römer 3,11f.) - behandelt, sondern uns gegenüber so wunderbar »ungerecht«, nämlich gnädig ist (Psalm 103,8 und 10)?! Wäre denn Gnade, auf die man bestehen, die man einklagen kann, noch Gnade, *un*verdientes *Erbarmen*?!

Um des *Evangeliums* willen muss Paulus unseren Protesten

an dieser Stelle Einhalt gebieten, denn gerade dieses besagt doch, dass wir alle durch unseren Ungehorsam gegenüber Gott jeden Anspruch auf Rettung verloren haben; dass es daher für uns Heil, Rettung, ewiges Leben nur noch auf dem Wege *unverdienter Begnadigung* geben kann (Römer 3,11f.; 23f.). Eben diesen einzig möglichen und offenen (!) Zugang zu Gottes Heil verschließen wir uns, wenn wir Gottes Gnade nicht *Gnade* sein lassen, sondern für uns und andere zu einem berechtigten Anspruch erheben. Begreifen wir doch: Wenn es nicht mehr nach der Gnade, sondern nach dem Recht geht, kann Gott *niemanden* retten! Und umgekehrt: Nur weil Gott die Freiheit hat, uns Menschen seinerseits aus reiner Gnade zu erwählen und zur Annahme seines Heils vorherzubestimmen, noch bevor wir uns diesem Heilsangebot endgültig versagen können, nur deshalb werden *überhaupt* Menschen aus dem Verderben des Von-Gott-los-Seins gerettet! Paulus geht es um die souveräne Freiheit der *Gnadenwahl* Gottes, die als Vorherbestimmung zum Heil die *Ermöglichung und Grundlage* der Berufung und Rechtfertigung eines Menschen ist (Römer 8,29f.; Johannes 6,44). Jeder von einem Menschen getroffenen Entscheidung, das Heilsangebot Gottes anzunehmen, ist das Wunder der *erwählenden und berufenden Gnade* Gottes vorausgegangen (vgl. Johannes 6,44!), denn von Natur aus befindet sich *niemand* auf der Suche nach Gott, und von sich aus begibt sich auch niemand auf die Suche nach Gottes Heil: »*... da ist keiner, der Gott sucht, ... keiner, der Gutes tut, auch nicht einer*« (Römer 3,11f.).

Die Bibel lehrt, dass wir Menschen durch unseren Widerwillen gegen Gott in der ganzen *Grundausrichtung unseres Seins verdorben,* böse, zur Erfüllung des Willens Gottes daher gänzlich unfähig sind: »*tot in Sünden*« (1. Mose 6,5f.; Epheser 2,1ff.). Im Blick auf Gott und sein Heil ist daher all unser Tun »umsonst – auch in dem besten Leben« (vgl. Jeremia 2,22). Seit ihrem

Sündenfall, ihrem Abfall von Gott (1. Mose 3), hat die Menschheit ihre ursprüngliche Unschuld und Freiheit unrevidierbar verloren. Wir sind zwar nach wie vor in natürlicher *psychologischer* Hinsicht frei, aber wir sind nicht mehr von der *Herrschaft Satans und der Sünde* frei; wir besitzen Freiheit zum Guten im moralischen Sinne, aber keine Freiheit im *theologischen* Sinne: *Gefangene* der Sünde und des *Gegenspielers* Gottes (Johannes 8,34; 2. Timotheus 2,26) sind *un*frei, sich aus sich selbst heraus für ein Leben unter der Herrschaft Gottes zu entscheiden. Im tiefsten Wesen und in unserer ganzen Willens*ausrichtung* von Satan und der Sünde bestimmt, führt uns unser Tun prinzipiell nicht zu Gott hin, sondern von ihm weg. Von Natur aus wollen wir nicht unter Gottes Herrschaft, sondern selbst Gott sein. Und wie sich ein Fluss nicht gegen seine innere Strömung, sondern nur stromabwärts bewegen kann, so ist der Wille des Menschen seither nur noch frei zum Bösen: »*Kann etwa ein Schwarzer seine Hautfarbe ändern oder ein Leopard sein geflecktes Fell? Genauso wenig seid ihr fähig, Gutes tun, die ihr das Böse gewöhnt seid*« (Jeremia 13,23). Dabei tun wir das Böse nicht etwa aus Zwang, sondern aus innerem Drang: *willentlich* versagen wir uns dem Willen Gottes, können uns aus *Eigen*willen *gegen* sie, aber nur *kraft* der Gnade *für* Gott und seine Gnade entscheiden (Epheser 2,8).

*Christ* wird ein Mensch also zunächst nicht durch seinen eigenen Willensentschluss, sondern dadurch, dass Gott zuvor den Widerwillen des Betreffenden gegen ihn aufhebt. *Gott* muss ihn zunächst berufen, zu sich ziehen (Johannes 6,44), bekehren, damit *er* sich bekehren kann: »*Bekehre du* (Gott) *mich, dann bin ich bekehrt*« (Jeremia 31,18b; vgl. 31,19; 17,14; Matthäus 19,25f.). Gott muss ihn zuerst zur Freiheit einer solchen Glaubensentscheidung für sein Heil *befreien* (vgl. Galater 5,1). Niemand kann dem allein rettenden Evangelium *von sich aus* glauben. Jesus sagt: *»Das ist Gottes* (!) *Werk, dass ihr glaubt an den, den er gesandt hat«* (Johannes 6,29). Nur *kraft seiner Gnade* kann ein Mensch das Gnadenangebot Gottes annehmen. Kein Mensch wird *zufällig* Christ: Christ wird und bleibt niemand durch Zufall, sondern durch Gottes ihn erwählende Gnade (1. Korinther 15,10a). Wer sich für ein Leben unter der Herrschaft Jesu Christi entscheidet, kann das nur, weil Jesus Christus sich zuvor *für ihn* entschieden hat: *»Ihr habt nicht mich erwählt, sondern ich habe euch erwählt«* (Johannes 15,16). Anteil an Gottes Heil gewinnt ein Mensch nicht durch irgendeine religiöse Leistung, sondern indem er *aufhört,* vor Gott etwas leisten und gelten zu wollen, gleichsam aufhört, *selbst* zu handeln und Gott an sich handeln lässt. In biblischen Bildern ausgedrückt: indem er »stirbt« und *»von neuem geboren wird«* (Johannes 3,3; 1,13; Titus 3,5), – durch eine Herztransplantation: Gott gibt ihm ein neues Herz und einen neuen Geist (Hesekiel 36,26f.), wodurch er allererst *willens und fähig* wird, dem Willen Gottes zu entsprechen. In diesem Geschehen ist der Mensch passiv, genauer: *rezeptiv*: er kann es nur (aktiv) an sich geschehen *lassen*.

Das bedeutet nun freilich nicht, dass Gott uns Menschen in diesem Geschehen überfährt und zum Heil *zwingt.* Gottes *Güte* leitet uns zu dieser totalen Richtungsänderung unseres Lebens (Römer 2,4); *er* gebiert uns zu neuem, ewigem Leben, aber er tut das nicht *ohne* uns oder über uns hinweg, sondern *an* uns *mit* uns und *in* uns. Gott behandelt uns nicht wie willenlose Objekte, vergewaltigt unseren Willen auch nicht, sondern nimmt ihn in Dienst, schließt ihn nicht aus, sondern in sein Wirken mit ein, indem *er – in uns –* das ihm wohlgefällige Wollen und Vollbringen, den allein rettenden Glauben an Jesus Christus *bewirkt und schafft* (Philipper 2,12f.; Epheser 2,8f.)! Christen sind Gott gegenüber von Natur aus genauso eigenwillig und widerspenstig wie alle übrigen Kinder Adams und Evas. Aber wenn Gottes

Gnade ihre Allmacht an ihnen wirksam werden lässt, *werden* sie von innen heraus *willig*, sich Gott zuzuwenden. Gott zwingt unseren Willen dabei nicht und lenkt ihn dennoch. Er wirkt auf ihn ein, lockt, zieht, *überzeugt uns von innen heraus* durch seinen an uns ergehenden Anruf, bis wir mit unserem eigenen, – nun aber von Gott zur Annahme seines Heils *befreiten – Willen vollziehen*, wozu uns Gottes Wille bewegt. Seine vorausgehende Entscheidung für uns *äußert* sich in unserer Entscheidung für ihn. Erst im Ergehen seines Ja-Wortes an uns eröffnet sich uns die Freiheit, unsererseits Ja zu Gott zu sagen. Der Mensch ist in diesem Akt der Heilsannahme (nach einem Wort Martin Luthers) »cooperator, non concreator Dei«, d.h. er »kooperiert« *insofern* mit Gott, als er sich dem Heilsangebot Gottes nicht länger verweigert, sondern sich das ihm angebotene neue Leben *schenken lässt*, – aber er ist nicht Mit-*Schöpfer* dieses Lebens. Er muss selbst *annehmen*, d. h. sich glaubend gesagt sein lassen, dass er aus Gnaden von Gott angenommen ist, aber die Initiative zur Annahme des Heils geht von Gott aus und liegt allein bei ihm. So *verdient* sich der Mensch das ihm widerfahrende Heil in keiner Weise durch eine eigene Anstrengung, sondern erfährt sich in diesem Geschehen als *unverdient Begnadigter* – als einer, der *aufhört*, sich sein Heil selbst verdienen zu wollen, weil er nun *Christ* geworden ist: einer, der an Gottes ihn rettende *Gnade glauben* kann.

## 2. Der einzige Weg zu Gottes Heil: Die Anerkennung seines Gottseins

Jeder Mensch kann und *muss* sich für Gott entscheiden, um Anteil an Gottes Heil zu bekommen, aber für Gottes Heilsangebot kann er sich nicht aus sich selbst heraus, nicht ohne die eine solche Entscheidung allererst *ermöglichende Gnade* Gottes entscheiden. *»So liegt es also nicht an jemandes Wollen oder Laufen, sondern an Gottes Erbarmen«* (Römer 9,16). *»Durch Gottes Gnade bin ich, was ich bin«,* sagt Paulus von sich (1. Korinther 15,10), und er besteht darauf, dass Gnade nur Gnade ist, wenn es keinen Anspruch auf sie gibt (Römer 11,6!), wenn Gott auch frei ist, uns Menschen *nicht* zu begnadigen und also zum Beispiel jenem Pharao sein Erbarmen zu versagen! Gott *muss* uns Menschen nicht retten, unterliegt keinem übergeordneten Zwang, uns zum Heil zu erwählen. Niemand hat ein Recht, Gott anzuklagen, wenn dieser ihn in seiner selbst gewählten Eigenwilligkeit belässt, ihm also *nicht* länger *»mit großer Geduld«* (Römer 9,22) begegnet, das heißt: ihn *»verstockt«.*

»Verstockung« meint dabei in der Bibel weder eine dem Menschen von Gott vorgegebene, schicksalhafte, unentrinnbare Taubheit dem rettenden Heilsangebot Gottes gegenüber, noch bedeutet sie für den Verstockten von vornherein ein ewiges von Gott Verworfen- oder Verdammtsein. Nirgends lehrt die Bibel, dass mit seiner Verstockung schon das letzte Wort über die ewige Zukunft eines Menschen gesprochen ist. – Während nun aber Gottes Erwählung zum ewigen Heil einen *vor*zeitlichen, dem Leben und Handeln des Menschen vorausliegenden und daher von diesem *un*verdienten Akt göttlichen Handelns meint (Epheser 1,4), ist Verstockung ein *inner*zeitlicher, vom Menschen selbst durch *eigene Schuld,* das heißt durch sein beharrliches Sich-Verhärten gegenüber dem Anruf Gottes heraufbeschworener Vorgang! *Wie die Bibel nur eine unverdiente Erwählung zum Heil kennt, so kennt sie nur eine selbstverschuldete, verdiente Verstockung oder Verwerfung des Menschen durch Gott:* Gott *überlässt* den ihm Widerstrebenden seinem Widerwillen gegenüber seinem Anruf. Wie ein von Gott Erwählter nicht gegen seinen Willen zu ewigem Leben in der Nähe Gottes kommt, so steuert ein von Gott Verstockter nicht gegen seinen eigenen Willen auf das ewige Verderben in der Gottesferne zu. Gottes Erwählen wie sein Verstocken schließen unsere Eigenverantwortung gegenüber seinem Anspruch an uns nicht einfach aus: *»Darum spricht der Heilige Geist: Heute, wenn ihr Gottes Stimme hört, verstockt eure Herzen nicht!«* (Hebräer 3,7). Gottes Freiheit uns Menschen·gegenüber *umgreift* zwar unseren Willen, aber sie schaltet ihn nicht aus! Niemand kann seine Eigenverantwortung Gott gegenüber mit dem Hinweis auf Gottes Vorherbestimmung einfach auf Gott abschieben. Wir alle würden es uns doch *auch sonst und überhaupt verbitten,* dass man uns als willenlose Objekte behandelt. Stellen wir uns vor, uns schlägt jemand auf die Backe und sagt:»Ich bin bin so prädestiniert, ich konnte nicht anders!« Insgeheim wissen wir alle, dass Gott uns unserer Unwilligkeit gegenüber seinem Anspruch an uns *zu Recht* beschuldigt. Während Gottes Erwählung zum Heil ihren Urgrund allein in *seinem* Willen, in seiner grundlosen Gnade hat, liegt der Grund für sein Verstocken *in uns:* in unserem Eigen- und Widerwillen Gott gegenüber. Gewiss besitzt kein Mensch die Freiheit, *von sich aus* Gottes Heilsangebot annehmen zu wollen und annehmen zu können, aber *im Ergehen* dieses Angebotes *schenkt* Gott uns Menschen die Freiheit, das zu wollen und zu können, – wann und wo *er* sie in *seiner* Freiheit schenken *will!* Als *Gottes* Wort an uns ist sein Wort ein effektives, schöpferisches Wort: wo es als Anruf Gottes an uns ergeht, *schafft* es in uns eine neue, bisher so nicht vorhandene Freiheit, es zu hören, anzunehmen und zu befolgen.

*Gleichnishaft* kann man sich diesen Tatbestand an Jesu Auferweckung des Lazarus (Johannes 11) deutlich machen: Lazarus war gestorben; er lag schon mehrere Tage tot in seiner Gruft, der Verwesungsprozess hatte bereits eingesetzt. Als Toter war Lazarus zu keinerlei Regung mehr in der Lage, hatte längst die Möglichkeit und Freiheit verloren, von sich aus die Gruft zu verlassen: Ein Toter »kann« bekanntlich nur noch eines: verwesen. Erst der schöpferische *Anruf Jesu* an ihn: »Lazarus, komm heraus!« *schafft* ihm die Möglichkeit, sein Grab zu verlassen. Allererst dieser zum Leben erweckende Anruf versetzt den Toten in die Lage, die Stimme Jesu zu hören und ihr zu folgen. – Nicht anders steht es um den von Natur aus »*in Sünden toten*« Menschen (Epheser 2,19): Mitnichten kann er sich von sich aus auf den Weg ins Leben begeben. Erst durch den ihn zum ewigen Leben weckenden Anruf Jesu wird er frei, dem Ruf zur Umkehr in Gottes Heil Folge zu leisten.

Pharao *verhärtete* sein Herz gegenüber diesem Wort, verstockte gegenüber Gottes wiederholtem Anruf an ihn *selbst* sein Inneres, bevor Gott ihn verstockte (2. Mose 8,11; 8,28; 9,34). Seine Verstockung durch Gott hatte ihren Grund in seiner Selbst-Verstockung, die darin gipfelte, dass er sich von seinen Untertanen *selbst* als *Gott* verehren ließ! Sein eigenwilliges beharrliches Sich-Verschließen gegenüber dem an ihn ergehenden Willen Gottes war es, das ihn zum tätigen Subjekt und dann schließlich auch zum Objekt dieser Verstockung machte: Gottes große Geduld mit ihm hatte ein Ende, er sprach ihn nicht weiter an, sondern sprach Gericht, beließ ihn in seiner Gottlosigkeit (vgl. Matthäus 23,37; 2. Thessalonicher 2,9-12!). Verstockung ist also zunächst Folge der Sünde des Menschen, Folge des *Sich-verführen-Lassens vom Betrug der Sünde* (Hebräer 13,3), und *erst daraufhin dann auch* Akt des Gerichtshandelns Gottes, das von Gottes Seite her dieser Sünde *folgt,* sie richtet und straft.

So wird Pharao zu einer warnenden Negativfolie, vor deren Hintergrund Paulus deutlich macht: Gott *muss* nicht retten, heilen, helfen – niemandem! Niemand kann Gott einen Vorwurf machen, wenn er uns in unserem Ungehorsam seinem Anruf gegenüber *belässt.* Und umgekehrt: Wenn immer ein Mensch das Heilsangebot Gottes vernehmen und annehmen kann, ist ein unverdientes *Wunder der Gnade* Gottes an ihm geschehen, weil wir alle aufgrund unseres Eigen- und Widerwillens Gott gegenüber von Natur aus Feinde Gottes sind, – weil Gott frei ist, ja eigentlich gehalten ist, sich seiner sich gegen ihn auflehnenden und ihn ignorierenden Gegner *nicht* zu erbarmen, sondern sie gerecht zu richten! Weil wir Menschen von Natur aus – im Grunde und bei Licht besehen – nicht etwa Freunde, sondern Feinde Gottes sind, *ohne* ihn, *autonom* leben wollen, hat Dietrich Bonhoeffer einmal gesagt: Verwunderlich ist nicht, dass es am Ende von Gott *Verworfene* gibt; verwunderlich ist, dass es von Gott *Erwählte* gibt; am verwunderlichsten aber ist, dass Gott ausgerechnet *mich* zu diesen Letzteren zählt!

*Wem* Gott die Gnade seiner Erwählung schenkt, entscheidet er in souveräner Freiheit allein selbst, – das will Paulus mit dem Gleichnis von Töpfer und Ton deutlich machen. Allein der Töpfer hat das Recht zu bestimmen, ob er aus seinem Ton eine einfache Schüssel oder eine dekorative Vase formt. Gewiss: Wir Menschen sind nach den Aussagen der Bibel nicht einfach Ton, keine willenlosen Marionetten, sondern »Ebenbilder« (1. Mose 1,27), Partner Gottes, aber *eben keine ihm gleichgewichtigen, ebenbürtigen* Partner, die das Recht hätten, über Gottes Handeln zu Gericht zu sitzen. Wer wäre auch ein Gott, der sich den Maßstäben seiner Geschöpfe unterordnen müsste?! Es gibt keinen übergeordneten Maßstab, dem er sich fügen muss, – er selbst ist das Maß aller Dinge, oder er wäre nicht *Gott.* Er selbst *setzt* Gerechtigkeit, *er* steht für das Recht, ihm gegenüber sind wir als ihm Ungehorsame alle und allemal im Unrecht.

Daher hat Gott das Recht zu retten und zu verstocken, wen er will.

Es mag hart für uns sein, dass die Dinge so stehen, aber wir müssen sie anerkennen, denn eben diese Anerkennnung – sie allein! – führt uns von unserer Seite aus zu Gottes *Heil. Darum* betont Paulus so vehement das souveräne Gottsein Gottes und sein Recht, alle Menschen zu verdammen: weil wir Gott nur durch die Anerkennung dieses seines Rechtes *recht* werden (vgl. Psalm 51,6)! Da mag ein Mensch vielleicht verstockt und auf dem direkten Weg in die Hölle sein, – und als Christen *erleben* wir das ja in unseren dunkelsten Anfechtungen als eine furchtbare *Möglichkei*t! –: wenn er Gottes Urteil über sich Recht gibt, eingesteht, dass er Gottes *Gericht zurecht* verdient und Gottes *Gnade nicht* verdient, dann *ist* er bereits ein von Gott Begnadigter, ein um Jesu willen Geretteter!

Alle unsere vermeintlichen Rechte gegenüber Gott fahren zu lassen und ihm in seinem Urteil über uns Sünder Recht geben, – das heißt, Gott wirklich *Gott* sein lassen. Eben das gilt es in unserem alltäglichen Leben immer neu *durchzubuchstabieren: »auf dass du, Gott, recht behältst in deinem Wort und Sieger bleibst, wenn man mit dir rechtet«* (Römer 3,4). – Gerade durch die Kompromisslosigkeit ihrer Aussagen will die biblische Prädestinationslehre unüberhörbar machen, dass der uns Menschen angemessene Platz nicht über oder neben, sondern allemal *unter* Gott ist, – dass die einzig angemessene Stellung des Menschen *Gott* gegenüber nur in Demut, Buße, Dankbarkeit und Anbetung bestehen kann (vgl. oben Hiob! S. 49f.). Dem Wunder unserer unverdienten Erwählung zum ewigen Heil können solche, die es erfahren haben, nur in dankbarem, ehrfürchtigem, überglücklichem *Staunen* begegnen. Entsprechend münden alle Aussagen des Paulus über Gottes Vorherbestimmung im Römerbrief in den doxologischen Anbetungsruf: *»O Tiefe des Reichtums, der Weisheit und* *der Erkenntnis Gottes! Wie unergründlich sind seine Entscheidungen und wie unerforschlich seine Wege! ...Ihm sei Ehre in Ewigkeit! Amen«* (Römer 11,33-36). – Diese Beobachtung führt uns zu einer weiteren wichtigen theologischen Grundeinsicht: Wer die biblische Prädestinationslehre verstehen lernen will, kommt nicht umhin, nach ihrem Platz und ihrer *Funktion im Ganzen der biblischen Heilslehre* zu fragen, – fachtheologisch gesprochen: erst der *systematische Ort* dieser Lehre lässt ihren systematischen *Sinn* erkennen. In dem überaus systematisch aufgebauten Römerbrief des Paulus wird dieser Ort besonders deutlich: Hier steht die Lehre von der Vorherbestimmung gerade nicht am Anfang, sondern ziemlich am Ende (Kap. 9-11), – *nicht vor, sondern nach* der Lehre von der Erlösung des Menschen durch das Heilswerk Jesu Christi (Kap. 1-8). Paulus entfaltet die Erstere also aus der Letzteren – nicht umgekehrt! Mit anderen Worten: Nicht der vorzeitliche Erwählungsratschluss Gottes erschließt die Erkenntnis des Heils in Jesus Christus, sondern umgekehrt: erst in Gottes uns in Jesus Christus angebotener Gnade offenbart sich seine Gnadenwahl: »*In ihm* (in seinem Sohn Jesus Christus!) *hat er uns bereits erwählt vor der Grundsteinlegung der Welt*« (Epheser 1,4). Damit will der Apostel sagen: Wie Gott zu mir steht, erkenne ich nicht vom Schreibtisch eines Philosophen aus durch Spekulationen über Gottes verborgene Gnadenwahl-vor-der-Zeit. Vielmehr hat Gott seinen Willen innerhalb der Geschichte, in der Person und dem Heilswerk Jesu Christi für uns offenbar gemacht (vgl. 2.Timotheus 1,9f.!): Durch seinen Sohn bietet Gott *allen* Menschen seine errettende Gnade an, und *erst im Nachhinein* erkennen die, die sie angenommen haben, dass der *Grund* ihrer Begnadigung nicht in ihnen, sondern in Gottes vorzeitlicher Gnadenwahl liegt, – dass ihr Ja zu Gott nicht Voraussetzung, sondern Folge seines vorausliegenden Ja-Wortes zu ihnen ist.

Bibelausleger haben diese Einsicht anhand des Wortes Jesu von der »engen Pforte zum Heil« (Matthäus 7,13) und in Anlehnung an den Aufbau des Römerbriefes immer wieder durch folgende Illustration fassbar zu machen versucht: Solange wir uns noch *vor* dieser Pforte zum ewigen Leben befinden, möchte Gott nicht, dass wir uns über seinen Erwählungsratschluss Gedanken machen, sondern dass wir seine Einladung befolgen, die als Inschrift von *außen* über dieser Pforte steht: »Geht ein durch diese enge Pforte!« Erst als Hindurchgeschrittene erkennen wir dann später im Rückblick den eigentlichen, tiefsten und letzten Grund unserer Errettung: die Inschrift auf der *Innenseite* dieser Pforte: Schon vor der Grundsteinlegung der Welt habe ich dich zum Heil in Jesus Christus erwählt (vgl. Epheser 1,4). »*Ich habe dich je und je geliebt; darum habe ich dich zu mir gezogen aus lauter Güte*« (Jeremia 31,3).

Eigentliches und letztes Anliegen der biblischen Erwählungslehre ist die *Letzt*-begründung unseres Heils in Gottes *Gnade allein,* die unserem Wollen nicht nur zuvorkommt, sondern es auch wirkt und zum Vollbringen führt: – *der Lobpreis des »SOLI DEO GLORIA«,* das auf seiten des Menschen jeden Verdienst am Heil ausschließt.

Dieser zutiefst doxologische, auf die alleinige Ehre und Verehrung Gottes abzielende Sinn der Prädestinationslehre wird insbesondere auch im Epheserbrief (Kap. 1,3-14) deutlich: Drei Mal lehrt sie hier, dass Gott uns »erwählt« hat »*zum Lob seiner Herrlichkeit*« oder »*zum Lob seiner herrlichen Gnade*«! Entscheidendes Kriterium eines sachgemäßen Verständnisses der biblischen Erwählungslehre ist daher letztlich kein rational-logisches, sondern ein theologisches: Nicht *der* hat sie wirklich verstanden, der meint, sie in allen Einzelheiten *logisch* verstanden zu haben, sondern der, den ihre Aussagen zum  alleinigen Lob und zur staunenden Anbetung Gottes führen (vgl. Römer

11,33-36)! Wem einmal aufgeht, dass er in Jesus Christus gänzlich unverdient und unbegreiflich ein von Ewigkeit her Geliebter und Erwählter Gottes ist, der *kann* nicht anders, als sein Leben lang einzustimmen in »das Lob der herrlichen Gnade Gottes«.

# 3. Gottes Erwählung zum Heil:
# Der objektive, gewisseste
# Grund der Heilsgewissheit des Christen

Ob ein Mensch aus der Heillosigkeit seines lebens-ohne-Gott in die ewige Gemeinschaft mit Gott gerettet wird, »*liegt also nicht an jemandes Wollen oder Laufen, sondern an Gottes Erbarmen*« (Römer 9,16). Gefangenen Satans und der Sünde kann Rettung *nur von außen* zukommen: so, dass Gott durch seinen an sie ergehenden Ruf zum Heil ihre Ketten sprengt und in ihnen das Wollen und Vollbringen bewirkt, diesem Ruf zu folgen. Eben dieses zur Rettung nötige, *geschenkte* Wollen und Vollbringen *hat* Gott bewirkt und *wirkt* er in allen, die ihr Heil nicht in sich selbst, sondern in seinem Sohn Jesus Christus suchen: »*In ihm (!) hat er uns erwählt..., dazu vorherbestimmt, seine Kinder zu sein durch Jesus Christus nach dem Wohlgefallen seines Willens*« (Epheser 1,4f.). Der ausschlaggebende Grund unserer Errettung liegt also nicht in uns, sondern »*bei Gott*« (Psalm 62,8!), in seinem grundlosem Erwählen; *nur deshalb und nur so können wir unser Heil nie wieder verlieren!*, – solange jedenfalls nicht, wie wir es nicht in uns, sondern in ihm suchen. Umgangssprachlich formuliert: Wir Christen haben unser Heil nicht unverlierbar »in der Tasche«, – der entscheidende Grund unserer Heilsgewissheit ist vielmehr, dass *Gott uns* durch seine Erwählung unverlierbar in seinen Händen hält (vgl. Johannes 10,28f.). Ursächlich für das Heil des Christen ist im Letzten nicht *seine* Entscheidung für Gott, sondern *Gottes* ewige, unrevidierbare und durch nichts zu gefährdende *Entscheidung für ihn.* Die Letztere ist die Grundlage und Voraussetzung der Ersteren – nicht umgekehrt! *Unser* Wollen und Tun wird dadurch nicht etwa bedeutungslos: *»Weil Gott in euch wirkt das ihm wohlgefällige Wollen und Vollbringen, darum wirkt euer Heil mit Furcht und Zittern«* (Philipper 2,12)! Aber unser Wollen und Tun hat nun von Gott her eine andere Ausrichtung bekommen; es hat keinen *finalen* Charakter mehr, sondern einen *konsekutiven:* Christen engagieren sich nicht mehr, *damit* Gott sie erwählt und rettet, sondern *weil* er sie erwählt und errettet *hat!* Nicht in dem, was sie selber tun und lassen, können sie im Blick auf ihr Heil letzte Gewissheit finden – dieses Tun und Lassen bleibt doch stets unvollkommen, defizient! –, sondern allein darin, dass Gott sie unabhängig von ihrem Tun vor aller Zeit in Jesus Christus erwählt hat. Nur und eben diese an *keinerlei Bedingung aufseiten des Menschen* geknüpfte Erwählung zum Heil eröffnet dem Erwählten eine an keinerlei subjektive menschliche Bedingung geknüpfte, allein in dem objektiven Heilshandeln Gottes begründete Heilsgewissheit (Römer 8,28ff.)! *»Weil das Heil auf dem Felsengrund des unumstößlichen Heilswillens Gottes und nicht auf dem Flugsand des menschlichen Willens gründet, ist es dem Glaubenden gewiß«* (Horst Georg Pöhlmann). Im Heilswerk Jesu Christi hat Gott unsere Erwählung zum Heil ein für allemal *objektiv festgemacht;* in den Heilszusagen seines Wortes *spricht* Jesus sie dem Glaubenden *zu* (Johannes 15,16) und im Empfang des Abendmahls kann sich der Glaube ihrer je neu *versichern:* »Christi Blut für *dich* vergossen!« – *Die Sorge um sein Heil ist dem Christen damit ein für allemal abgenommen!* Und fortan ist auch die quälende Frage vom Tisch, ob er Gott denn als Christ recht und gut *genug* ist. Er weiß:

in Anbetracht meines Sünderseins bin ich Gott auch als Christ *nicht* »gut genug«, aber Jesus Christus tat genug für mich; auch als Christ bin ich Gott in meinem unvollkommenen Sosein nicht recht, aber in Jesus Christus bin ich erwählt, gerecht, heilig und vollkommen *gemacht* zu werden (Römer 8,28-30)! Als allein aus seiner grundlosen Gnade Erwählte sind wir berufen, den Grund unseres Heils nicht in uns und unserem Tun, sondern *ausschließlich* in Gott und seiner Entscheidung für uns zu suchen, immer tiefer die absolute Abhängigkeit unseres Heils von seiner Gnade *allein* zu erkennen. Je mehr wir dabei das Geheimnis der Gnadenwahl Gottes erahnen lernen, desto mehr werden wir diese absolute Abhängigkeit von seiner Gnade als unser *größtes Glück* begreifen!

## 4. Die Erwählung des Christen als Berufung zum Dienst an Noch-nicht-Glaubenden!

Bedeutet nun das, was der einen Glück und Freud ist, zugleich der andern Pech und Leid? – In der Tat ist »Erwählung« *zunächst* ein *partitiver* Begriff, der voraussetzt, dass es neben Erwählten auch Nicht-Erwählte gibt (vgl. Matthäus 22,14). – Sollten nun die Letzteren gar ebenso ewig und unverdient vom Heil *ausgeschlossen* sein, wie die Ersteren zum Heil erwählt sind? Von der Bibel her muss diese Frage mit einem eindeutigen und uneingeschränkten Nein beantwortet werden! Gottes in der Bibel bezeugtes Wort weiß zwar um einen *doppelten Ausgang* der Geschichte in ewigem Heil oder Unheil (z. B. Matthäus 25,46; 2. Thessalonicher 1,9), doch lehrt sie nirgends eine *doppelte Vor-*

*herbestimmung* zum Heil oder Unheil! Eine solche wäre nicht nur mit der Liebe als dem Wesen Gottes unvereinbar und würde ihn zu einem willkürlichen Despoten machen, sie stünde auch der Universalität des *allen* Menschen geltenden Heilsangebotes Gottes in Jesus Christus entgegen (vgl. 1. Timotheus 2,4; 2. Petrus 2,9b; Titus 2,11), würde die Verkündigung des Evangeliums als Einladung zum Heil zu einem bloßen Als-ob entleeren. So sehr Paulus das Heil der Erwählten in Gottes vorzeitlichem Heilsratschluss begründet, so wenig zieht auch er die verführerisch naheliegende »logische« Konsequenz, das Unheil der am Ende Verlorenen auf eine entsprechende vorzeitliche Determination zum Verderben zurückzuführen.

Dem scheint auf den ersten Blick eine oft zitierte andere biblische Aussage zu widersprechen, die im 2. Kapitel des 1. Petrusbriefes zu finden ist: »*Für die Ungläubigen aber ist der Stein, den die Bauleute verworfen haben* (gemeint ist Jesus Christus) ... *zum Stein des Anstoßes... geworden; sie stoßen sich an ihm, weil sie dem Wort nicht glauben; DOCH DAZU SIND SIE AUCH BE-STIMMT*« (V.7f.). Bei genauerem Hinsehen wird jedoch deutlich, dass der Satzteil »*dazu sind sie auch bestimmt*« nicht auf »*Weil sie dem Wort nicht glauben*« zu beziehen ist, sondern auf »*sie stoßen sich an ihm*«. Der Zusammenhang mit der folgenden Aussage »*Ihr aber seid ein auserwähltes Geschlecht..., damit ihr die großen Taten dessen verkündigen sollt, der euch berufen hat aus der Finsternis in sein wunderbares Licht*« lässt erkennen, dass die Bibel auch an dieser Stelle *keine doppelte* Vorherbestimmung lehrt. Auch Petrus sagt *nicht*, dass Gott »die Ungläubigen« *zum Unglauben vorher*bestimmt hat, sondern dass sie *in Folge* ihres Unglaubens nun auch dazu bestimmt sind, sich an dem Stein, den sie verworfen haben, »zu stoßen« d. h. an ihm – in letzter Konsequenz – unter Umständen auch *zu Fall* zu kommen. Kein Ungläubiger soll sich einbilden, *er* könne mit seinem Unglauben

*Gott* bestimmen. Gott allein ist und bleibt Gott. Niemand kann Gott durch seine Selbstbestimmung-zum-Unglauben daran hindern, der in letzter Instanz *Bestimmende* zu bleiben, seinerseits souverän zu bestimmen. Gott *lässt* sich nicht bestimmen, er ist und bleibt der Bestimmende – auch da noch, wo sich ein Mensch in freier Selbstbestimmung *gegen* den Glauben an ihn entscheidet. Gott bleibt nämlich *insofern* der Bestimmende, dass er der Selbstbestimmung des Menschen zum Unglauben – im Nachhinein! – zu *entsprechen* vermag, die Willensbestimmung des Menschen, nicht an ihn zu glauben, ernst nimmt und – nun *seinerseits* bestimmend – *bestätigt:* Du willst nicht, dann sollst du fortan auch nicht! Vielmehr soll dir der Stein, den du aus *Eigen*-willen verworfen hast, nun nach *meinem* Willen zum »Stein des Anstoßes« werden. – Wie sich die, die ihm *nicht* glauben, nicht rühmen können, Gott zu bestimmen, weil *er* ihre Selbstbestimmung noch im *Nachhinein* bestimmt, so können sich auch *die* nicht selbstherrlich rühmen, die ihm *glauben,* weil Gott sie bereits im *Vorhinein* zu glauben bestimmt (»erwählt, berufen«) hat (V. 9).

Auch da, wo Paulus im Römerbrief von der »Verstockung« eines Menschen durch Gott redet, sieht er diese *inner*zeitlich im *Unglauben* des Betreffenden begründet (Römer 10,14) und durch Gottes *end*zeitliches Handeln *begrenzt* (Römer 11,25f.; 11,32)! Verstockung ist also nicht von vornherein das letzte Wort, sondern ein vorletztes Handeln Gottes, durch das der Verstockte noch nicht automatisch vom ewigen Heil ausgeschlossen ist. Paulus zieht aus seiner Entfaltung der Prädestinationslehre keine derartige *spekulative,* wohl aber eine in eine ganz andere Richtung weisende *praktische* Konsequenz, die überaus zu denken geben muss: Dass Gott Christen vor aller Zeit zum ewigen Heil erwählt hat, heißt *nicht,* dass er Noch-nicht-Christen für alle Zeit von seinem Heil ausgeschlossen, verworfen hat (vgl. Klagelieder 3,31!), sondern dass er die Ersteren erwählt hat zum *Dienst* an den Letzteren! Gottes Erwählung schließt stets seine *Sendung* mit ein: Erwählte sind gesandt, Botschafter des Evangeliums für die Übrigen zu sein, – beauftragt zum Retterdienst an den anderen (2. Korinther 5,20). Nie redet die biblische Erwählungslehre im Blick auf das Heil oder Unheil von unabänderlichen göttlichen Zwangsmaßnahmen, – sie hat vielmehr eine werbende, einladende, *missionarische* Spitze: Gott hat »*wenige*« (Matthäus 22,14) »*zuerst*« (Römer 1,16), »*als Erste*« (2.Thessalonicher 2,13) erwählt, um durch sie die »*vielen*« in sein Heil zu berufen (Matthäus 20,16b; 22,14)! Heilsgeschichtlich wird dies besonders deutlich in der Erwählung Abrahams und Israels: Gott erwählte sich zunächst den einzelnen Menschen Abraham (1. Mose 12), um ihn zum Stammvater des von ihm erwählten *Volkes Israel* zu machen, damit durch Israel »*alle*« Völker der Erde gesegnet würden; – »*zuerst die Juden, dann auch die Heiden*«, sagt Paulus (Römer 1,16b). Israel wurde erwählt, damit *allen* Völkern der eine wahre Gott »*bezeugt*« würde (Jesaja 43,10; 44,8). Mit anderen Worten: Gott wählt in seinem erwählenden Heilshandeln den Weg der Selbstbeschränkung; »*Erwählung meint zwar eine Auswahl, aber nicht auf Kosten anderer, sondern um ihretwillen. Der partikulare Weg hat ein universales Ziel. Es geht bei der Erwählung um eine REIHENFOLGE, um ein 'zuerst' und ein 'hernach'. ... Erwählung ist darin keine Wert-, sondern eine Zeitaussage. Nicht um seines etwaigen besonderen Wertes willen wird Israel erwählt, sondern einzig aus der Liebe Gottes heraus – so sagt 5. Mose 7,7f. Wenn Gott erwählt, dann geht es ihm nicht nur um den Erwählten, sondern durch ihn, durch seine Beschlagnahme hindurch um andere, letzten Endes um alle. ... Der Erwählte ist nicht der Bevorzugte, sondern der zum Dienst Beschlagnahmte* (Otto Rodenberg, in: Theologische Beiträge«, Heft 4/1987, S.180). »*Ich habe euch erwählt und bestimmt, dass ihr hingeht und Frucht bringt*«, sagt Jesus zu seinen Mitarbeitern (Johannes

15,16). Gewiss zielt Gottes Erwählen auf das Heil und Leben der Erwählten, aber es ist kein Selbstzweck, sondern ist zugleich *Erwählung zum Dienst,* die sich im Handeln der Erwählten bewähren soll und muss, – darin, dass sie hingehen zu den Übrigen und ihnen dienen.

Gerade innerhalb seiner Erwählungslehre spricht Paulus (Römer 10) daher bezeichnenderweise von einem *zweifachen Dienst* der Christen an Noch-nicht-Christen: von der *Fürbitte* und der *Verkündigung des Evangeliums:*

»*Meines Herzens Wunsch ist, und ich flehe auch zu Gott für sie* (für seine noch nicht an Jesus glaubenden Volksgenossen), *dass sie gerettet werden*« (V.1). So dringlich Paulus zuvor in seinen Aussagen über Gottes Erwählen eingeschärft hat, dass der erwählende Gott sich ihm verschließende Menschen nicht zur Umkehr bewegen *muss,* so sicher weiß er aus eigener Erfahrung, dass dieser Gott sie durch die Macht seiner Gnade zur Umkehr bewegen *kann* und *will* (vgl. Galater 1,13ff.)! Nur und eben darum hat seine und unsere *Fürbitte* für Noch-nicht-Christen ja überhaupt einen *Sinn*: weil Gott auch ihren Eigen- und Widerwillen gegen ihn *wandeln* und *sein* Wollen in ihnen wirken kann! Aus sich selbst heraus, aus eigenem Antrieb, könnten und würden sie – wie wir! – *nie* Gottes Heil suchen (Römer 3,11f.). Darum richtet sich die Fürbitte des Beters an *Gott; darum* ist die Bitte um das Zum-Glauben-Kommen eines Mitmenschen *aussichtsreich und nie hoffnungslos,* weil sie ihre Hoffnung auf *Gottes Macht und Gnade* setzt! Keineswegs also lässt sich Paulus durch die Erfahrung, dass viele seiner Mitmenschen dem Evangelium nicht glauben, zu Spekulationen über deren etwaiges Nicht-Erwähltsein hinreißen, sondern ruft seine Mitchristen eindringlich dazu auf, in flehentlicher Fürbitte vor Gott für sie einzutreten: »*So ermahne ich nun, dass man vor allen Dingen tue*

*Bitte, Gebet, Fürbitte und Danksagung für alle Menschen«* (1. Timotheus 2,1), – für *alle* Menschen! Darum hat Paulus so ungeheuer viel Hoffnung für seine Mitmenschen, weil er um Gottes leidenschaftlichen Rettungseifer weiß, dem es um die Rettung *aller* Menschen zu tun ist (1. Timotheus 2,4). – Gewiss: angesichts der Erfahrung, dass Menschen bis zu ihrem Sterben im *Un*glauben *verharren*, erscheint die Fürbitte für sie noch keine *Lösung* all unserer Warum-Fragen zu sein; aber sie zeigt einen Weg, auf dem es eine *Er*lösung *von* diesen Fragen für uns geben kann: Christen haben ja die Macht der Gnade dieses erwählenden Gottes in ihrem eigenen Leben erfahren, – erlebt, wie Gott *sie* zum Glauben an ihn überwunden hat; – sollte er das mit ihren Mitmenschen nicht *ebenso* tun können?! Christen müssen mit ihrer Sorge um das Heil ihres Nächsten nicht alleinbleiben, sondern sollen und dürfen sie *dem* ans Herz legen, von dem ihnen gesagt ist: *»Alle eure Sorge werfet auf ihn, denn er sorgt für euch«* (1. Petrus 5,7). Der, der *selbst* um seine sich Gott verschließenden Zeitgenossen gebangt und geweint hat (Lukas 19,41ff.), lässt sich von dieser auf ihn geworfenen Sorge treffen: so, dass er ihren Aufprall spürt und sie nicht von sich abprallen lässt, sondern sie auffängt und ernst nimmt! Wenngleich wir freilich nicht wissen, *wie* er unsere Bitten und Fürbitten beantwortet, so hat er uns doch fest verheißen, dass unsere Bitten nie vergeblich, sondern in seinen höheren Gedanken bestens aufgehoben sind, und dass er uns, wenn wir ihn um »Brot« bitten, keinen »Stein« geben wird (Matthäus 7,7-11). Gott weiß, was der Mensch, für den wir bitten, braucht. Zuweilen scheint es, als ob er unsere Fürbitten für diesen gleichsam in einem Töpfchen sammelt und sie erst dann erfüllt, wenn dieses Töpfchen *voll* ist. Hätte er uns wohl sonst selbst soviel Mut gemacht, noch viel anhaltender, inständiger und hoffnungsvoller zu beten?! (vgl. Lukas 18,18).

Zur Fürbitte für ihre noch nicht glaubenden Mitmenschen gehört ein *zweiter* Dienst, zu dem Gottes Erwählte erwählt und berufen sind: Die Verkündigung der guten Nachricht, dass Gott – im Bild von Töpfer und Ton ausgedrückt – keines seiner Gefäße einstampft, sondern seinen Sohn zu ihrer *aller Rettung* in unsere Welt gesandt hat! – Wiederum gerade innerhalb seiner Lehre von Gottes Erwählung spricht Paulus von der »Notwendigkeit« der Verkündigung des Evangeliums von Jesus Christus! Die in dieser Verkündigung an den Noch-nicht-Glaubenden ergehende Einladung zu Gottes Heil ist ja das *Mittel*, durch das Gott Menschen zum Heil erwählt. Der missionarische Verkündigungsauftrag Jesu *»nötiget sie, hereinzukommen«* (Lukas 14,23) steht also nicht etwa im Widerspruch zu Gottes Erwählungshandeln, sondern ist *Teil, unverzichtbares Instrument* desselben! Entsprechend hat sich auch *Jesus selbst* durch sein Wissen um die Freiheit der Gnadenwahl Gottes nie davon abhalten lassen, zu evangelisieren, sondern unbeirrt alle seine Hörer zum Heil eingeladen und deren Erwählung getrost der Gnade seines himmlischen Vaters überlassen. Ebenso hat Jesus nie behauptet, dass es auch nur einen Menschen gäbe, der durch Gottes Vorherbestimmung von vornherein generell vom Heil ausgeschlossen sei, so dass ihn das Evangelium prinzipiell nicht treffen könnte. Auf die spekulative Frage, ob am Ende viele oder nur wenige diesem rettenden Evangelium glauben werden, antwortet Jesus vielmehr: *»Ringet danach, dass IHR durch die enge Pforte in Gottes Reich eingeht!«* (Lukas 13,24).

Aus alledem mag deutlich geworden sein, dass die biblische Prädestinationslehre keine vom Evangelium unabhängige oder diesem gar widersprechende Lehre darstellt, sondern dieses in dem freien, grundlosen, ewigen Gnadenratschluss Gottes *begründet*. Auch vor dem dunklen, rational-logisch nicht aufhellbaren Hintergrund von Gottes Verstocken und Verwerfen hat sie zuletzt nur *Eines* im Sinn: uns Menschen zu Gottes *Heil* einzuladen, – gerade indem sie uns vor Augen hält, dass dieses Heil ein *unauslotbares Wunder seiner Gnade* und darum alles andere als eine Selbstverständlichkeit ist. Vergessen wir nie, dass auch Römer 9-11 Teil des biblischen *Evangeliums*, der guten Nachricht Gottes an uns, Ausdruck seines letztlich unerforschlichen *Heils*willens und *Heils*handelns ist! Eindrücklicher als alle anderen Bestandteile dieses Evangeliums bringt die Lehre von Gottes Vorherbestimmung die *Freiheit* und *Überlegenheit* seiner *GNADE* zum Ausdruck, die die Rettung des Menschen *nicht dem Zufall überlässt*, sondern – getreu seinem ewigen Heilsratschluss (vgl. Psalm 33,4; Römer 9,28) – in den Ketten Satans und der Sünde gefangene Menschen *gegen ihren in ihrer sündigen Natur begründeten Widerwillen* zu *RETTEN* vermag! Recht verstanden will uns diese Lehre gerade nicht zu einem quälenden Problem werden, sondern uns zu der überwältigenden Gewissheit führen, dass die gesamte Weltgeschichte – also wirklich »*alle* Dinge« (Römer 8,28), unser Heil wie auch das Unheil – allein in der allmächtigen Hand des Gottes liegen, der aus Liebe am Kreuz sein Leben für uns alle gab.

*Verwendete, weiterführende Literatur (in Auswahl):*

Theologisch meines Erachtens immer noch unübertroffen: *Martin Luther,* Vom unfreien Willen, in: Münchener Lutherausgabe, *Martin Luther,* Ausgewählte Werke. Ergänzungsreihe I, 3. Auflage München 1954.
*Hans Jochim Iwand,* Die grundlegende Bedeutung der Lehre vom unfreien Willen für den Glauben. Ders., Studien zum Problem des unfreien Willens, in: Ders., Um den rechten Glauben. Ge-

sammelte Aufsätze, herausgegeben von *Karl Gerhard Steck,* Chr. Kaiser Verlag, München 1965, S. 13-30; 31-61.

*Carl Heinz Ratschow.* Der angefochtene Glaube, Gütersloher Verlagshaus Gerd Mohn, Gütersloh 1978, S. 233-294.

*Helmut Thielicke,* Gespräche über Himmel und Erde. Begegnungen in Amerika, Quell Verlag, 3. Auflage Stuttgart 1967.

*Gerhard Rost,* Der Prädestinationsgedanke in der Theologie Martin Luthers, Evangelische Verlagsanstalt Berlin, Berlin 1966, S. 55-181.

*B. Menzel Wortmann / D. Wortmann,* Predigt über Römer 9,14-24, in: PBL 124, 1984, S.79-83. (Dieser Predigt verdanke ich den oben verwendeten Vergleich mit dem ornithologischen Versuch an jungen Zugvögeln.)

*Klaus Schwarzwäller,* sibboleth, München 1969; ders. Theologia crucis, München 1970.

*H. J. McSorley,* Luthers Lehre vom unfreien Willen, Max Hueber Verlag, München 1967.

*M. Doerne,* Gottes Ehre am gebundenen Willen, in: Luther-Jahrbuch XX, 1938, S. 45-92.

*H. Grass,* Der verborgene und der offenbare Gott bei Luther, in: ders., Reformation und Gegenwart, Marburg 1968, S. 57ff.

# 6

# Ehescheidung und Wiederheirat im Lichte des Evangeliums Jesu Christi

Eine Ehefrau und ihr Ehemann sitzen nebeneinander im Kino. »Ob sie am Ende wohl heiraten?«, fragt die Frau ihren Gatten flüsternd. »Natürlich«, meint er, »solche Filme enden immer tragisch.«

Nicht alle Ehen sind oder enden tragisch, bei weitem nicht jede Ehe ist ein nervendes, kräftezehrendes Duell. Zum Glück gibt es viele Beispiele dafür, dass eine Ehe – zumal, wenn beide Partner im Einflussbereich der Liebeskraft Gottes leben, – auch heute noch ein wunderbares, harmonisches und faszinierendes Duett sein kann. Ehen und Partnerschaftsbeziehungen, die auf Dauer und Treue, auf die Entfaltung einer verlässlichen Lebensgemeinschaft angelegt sind, genießen daher nach wie vor einen hohen Stellenwert im Leben vieler Menschen. Von einem »generellen Grassieren einer allgemeinen Ehefeindlichkeit« kann auch in der jüngeren Generation keine Rede sein. Aber immer mehr Paare *scheitern* in ihrem Zusammenleben; in unseren Großstädten zerbrechen inzwischen circa fünfzig Prozent aller Ehen. Abgeschreckt von entsprechenden Erfahrungen in ihrem persönlichen Umfeld, lassen sich viele junge Erwachsene erst gar nicht mehr auf die Ehe ein, um sich auf diese Weise vor den Enttäuschungen des Scheiterns einer ehelichen Gemeinschaft zu schützen. Auch christliche Gemeinden – eher konservativ ausgerichtete nicht ausgenommen – haben eine ständig steigende Zahl zerbrochener Ehen zu verzeichnen, und der kursierende Scheidungsvirus macht längst auch vor angesehenen Pfarrhäusern nicht mehr Halt. Auch bei vielen, die Liebende vor dem Traualtar zusammenführen, fliegt zu Hause das Porzellan: Evangelische Geistliche gehören nach einer Erhebung des Magazins »Focus« zu den Spitzenreitern in den Scheidungsstatistiken.

Kaum jemand ist bei alledem bloßer Zuschauer. Wir alle sind von dieser Entwicklung in sehr unterschiedlicher Weise betroffen. Viele haben bereits selbst eine Ehescheidung hinter sich, andere erleben vielleicht gerade eine tiefe Krise ihrer Ehe und tragen die Absicht einer Trennung von ihrem Partner mit sich herum. Wieder andere möchten als Angehörige und Freunde entzweiten Paaren helfen, sich wieder auszusöhnen und machen dabei die Erfahrung, dass durch die Trennung auch die gewohnten Freundschafts- und Verwandtschaftsbeziehungen in Frage gestellt sind.

Nicht selten ist der Zerbruch einer Ehe das Resultat von so viel Leid, gegenseitigen Enttäuschungen und Verletzungen, dass man den Entschluss zur Trennung innerlich gut nachempfinden kann. Manchmal hat man gar den Eindruck, dass beide Partner von Anfang an nicht recht zueinander passten, dass ihre Ehe von vornherein unter einem negativen Vorzeichen stand, und dass das sogenannte »Ende mit Schrecken« besser zu sein scheint als der sprichwörtliche »Schrecken ohne Ende«. Weiß nicht so mancher von Ehen zu berichten, deren Beendigung er geradezu als einen Segen empfunden hat? Zuweilen aber stehen wir auch vor einer – vielleicht nach vielen glücklichen gemeinsamen Jahren – kaputtgegangenen Beziehung (nach einem trefflichen Vergleich von Klaus Haacker) wie vor einem *gefällten Baum*: Eigentlich hätten wir ihm noch viele Jahre gegeben. War dieser Baum wirklich krank? – so fragen wir uns – oder hat man ihn nur gefällt, weil er der *Aussicht* der Betroffenen im Wege stand? Oft setzt man dann, weil er nichts mehr »gebracht« hat, optimistisch an die Stelle des alten Baumes ein neues Bäumchen. Aber ahnt man dabei, wie sehr das tiefe Wurzelreich des alten Baumes dem Wurzeltrieb eines neuen im Wege sein wird? Haben die Betroffenen eine ausreichende Vorstellung davon, wie schwer es das neue Bäumchen – über Jahre hin! – mit den tief gewachsenen Wurzeln des alten haben wird? Und ein *Bäumchen* ersetzt uns in aller Regel nicht einfach einen *Baum*, – dazu ist unser Leben zu kurz!

Ich selbst bin froh und überaus dankbar, dass ich zu diesem Thema Stellung nehmen kann als einer, der selbst seit vielen Jahren verheiratet ist, glücklich verheiratet ist. Und doch weiß ich – nicht nur aus der Eheseelsorge – wovon ich rede: Auch meine Frau und ich haben in unserer über zwanzigjährigen Ehegeschichte so manche Krise erlebt – und: dass die starke Hand dessen, dem wir beide gehören, uns nie fallen ließ und lassen will, sondern Eheleuten auch Ehekrisen zum Besten dienen lassen kann und will (Römer 8,28)!

Dieses Gott-Gehören, dieser wohlüberlegte, ein für allemal festgemachte Entschluss, als Christ sein Leben der Führung und dem Willen Gottes anzuvertrauen und mithin ernsthaft in Übereinstimmung damit leben zu wollen, ist die *Voraussetzung*, auf der die folgenden Überlegungen aufbauen und von der her sie allein verständlich und plausibel werden können. Christen sind Menschen, die dem in der Bibel bezeugten Willen Gottes und der *schöpferischen Urkraft seiner Liebe* verbunden sind, und aus dieser Bindung ergeben sich auch für das Eheleben *andere* Maßstäbe, als in der profanen Ethik!

Darüber hinaus sei vorab ausdrücklich bemerkt, dass im Folgenden biblische Aussagen, die eigentlich *zu*einander gehören, erst *nach*einander entfaltet werden können und sich mithin erst mit dem *zweiten und dritten* Teil ein *vollständiges* Bild ergibt, das den unterschiedlichen Horizonten der biblischen Texte zu diesem Thema insgesamt gerecht wird. Wie der zweite und dritte Teil nur vor dem Hintergrund des ersten recht verstanden werden kann, so wird umgekehrt der erste Teil erst durch den zweiten und dritten ins rechte Licht gerückt.

## 1. Wie die Ehe nach Gottes ursprünglichem Schöpferwillen gemeint ist

Schon auf ihren ersten Blättern, in ihrem Zeugnis von der Erschaffung unserer Welt durch Gottes Schöpferwirken, sagt die Bibel, dass die Ehe von Mann und Frau keine menschliche Erfindung, sondern eine Stiftung, ein Geschenk Gottes ist: eine Gabe, die uns Menschen aus dem Paradies erhalten geblieben ist! *»Gott schuf den Menschen nach seinem Bilde, nach dem Bilde Gottes erschuf er ihn; als Mann und als Frau schuf er sie«* (1. Mose 1,27). Adam war zunächst allein, einsam im Paradiesgarten, und Gott sprach: *»Es ist nicht gut, dass der Mensch allein ist. Ich will ihm eine Gefährtin geben, die zu ihm passt«* (1. Mose 2,18). So schuf er für Adam, den Mann, (wörtlich übersetzt:) »das ihm fehlende Seitenstück«, Eva, die Frau, und stiftete, – indem er Eva selbst als »Brautführer« ihrem männlichen Partner zuführte –, beider Ehe (1. Mose 2,22).

Drei Grundelemente sind es vor allem, die entsprechend dieser göttlichen Einsetzung der Ehe als Schöpfungsordnung Gottes für alle Zeiten die eheliche Gemeinschaft konstituieren:

1. Ein Mensch verlässt seinen Vater und seine Mutter.
2. Er (sie) bindet sich an seine Frau (ihren Mann).
3. Beide werden ein Fleisch (1. Mose 2,24).

Es ist konstitutiv für die Ehe, dass Mann und Frau enger zusammengehören als Eltern und Kinder. Durch die ausdrückliche Betonung »der Mann hängt *seiner* Frau an«, stellt die Bibel dabei von Anfang an eindeutig die *Einehe* als die dem Schöpferwillen gemäße Form der partnerschaftlichen Beziehung zwischen Mann und Frau heraus; von einem (einer) anderen, zweiten Partner(in) ist keine Rede. *In der Ehe führt Gott einen Mann und eine Frau zu einer Ausschließlichkeit des Sich-Gehörens zusammen, die auf eine totale Vereinigung beider mit ihrem jeweils ganzen Sein abzielt und Dritten gegenüber absolut exklusiv ist.* Der Begriff »Fleisch« meint im hebräisch-biblischen Sprachgebrauch nicht nur den Leib des Menschen, sondern sein ganzes natürliches Menschsein. »Ein Fleisch werden« meint demgemäß nicht nur die leiblich-geschlechtliche Vereinigung von Mann und Frau, sondern die umfassende Gemeinschaft beider als ganzheitliche Personen, – also ihr geistiges, seelisches und leibliches Einswerden. In der Geschlechtsgemeinschaft von Mann und Frau kommt es nie nur zu einer rein körperlichen, sondern immer zu einer umfassenderen, personalen Gemeinschaft, – ob beide das wollen oder nicht (vgl. 1. Korinther 6,16). Kennzeichnend dafür ist schon der Tatbestand, dass sich das geschlechtliche Begehren des Menschen – anders als das eines Tieres – nie ausschließlich auf die rein physisch-sexuellen Geschlechtseigenschaften des anderen richtet, sondern als Erotik zugleich ein Fasziniertsein von der seelisch-geistigen Ausstrahlung des anderen in sich schließt: ein Erotisiertsein zum Beispiel auch von seiner Stimme, seiner Körper*sprache*, seinem ganz eigenartig erotisierenden Naturell und »Sex-*Appeal*«. Dem entspricht es, dass das erotische Verlangen eines Menschen bereits *vor* seiner leiblichen Geschlechtsreife erwacht und seine sexuelle Zeugungs- bzw. Empfängnisfähigkeit *überdauert*. Bezöge sich das geschlechtliche Begehren nur auf die rein leiblich-sexuelle Befindlichkeit des andern, so wäre er zum bloß physischen Objekt verdinglicht, instrumentalisiert, als Person gerade *missbraucht*. Gleiches wäre von einer von vornherein *zeitlich begrenzten* Geschlechtsgemeinschaft zu sagen, in der einer den andern »gebraucht«, solange er ihn »braucht«, und ihn verlässt, wenn er ihn nicht mehr »braucht«.

»Beide werden ein Fleisch«, Ehe im Sinne der Bibel, meint demgegenüber nicht eine bloß partielle, sondern eine ganzheitlich-personale Gemeinschaft: Mann und Frau werden durch ihre eheliche Vereinigung in umfassender Weise zu *einem Menschen,* in den Augen Gottes zu einem Geschöpf: »*So sind sie nun nicht mehr zwei, sondern eins*« (Matthäus 19,6a nach der Einheitsübersetzung). Wie der Mensch Gottes Ebenbild erst im umfassenden, vollendeten Sinne als Mann *und* Frau ist (1. Mose 1,27), so kommt es durch das Einswerden beider zu einer neuen vollendeten Ganzheit des Menschen in der Ehe. Die sexuelle Vereinigung der Ehepartner ist nach dem Willen Gottes nicht begründender Ursprung der ehelichen Gemeinschaft, sondern folgerichtiger *Ausdruck* und natürliche *Vollendung* dieser ganzheitlich-personal gelebten und auch rechtlich verankerten und geschützten Einheit.

Jesus bestätigt im Neuen Testament die Exklusivität, die unaufhebbare Ausschließlichkeit dieser ehelichen Vereinigung, indem er *eingrenzend* herausstellt: »*diese zwei* werden ein Fleisch sein« und diese einzigartige, auf Ganzheit und lebenslange Dauer angelegte Einheit durch das Verbot der Ehescheidung schützt:

*»Was nun Gott zusammengefügt hat, das soll der Menschen nicht scheiden«* (Matthäus 19,5f.).

Gott hat die Ehe nicht nur damals im Paradies *gestiftet*. Jesus sagt darüber hinaus, dass Gott es ist, der zwei Menschen als Ehepartner »zusammenfügt«. Der jeweilige Entschluss zur Ehe kommt von uns Menschen, die Ehe selbst aber kommt von Gott! Nach biblischer Auffassung hat jede Ehe ihre Wurzeln zuletzt in dieser Stiftung Gottes und gründet zugleich in einem konkreten, unaufhebbaren Handeln Gottes des Schöpfers an Mann und Frau: *Er* fügt ihre Ehe zusammen, so dass sie zu Eheleuten werden. *Gott* macht sie zu einer umfassenden Einheit, zu »einem Fleisch«, zu einem Geschöpf – in unseren Breitengraden durch den Standesbeamten. Nie ist eine rechtsgültige Eheschließung eine bloß private Übereinkunft zweier Menschen, vielmehr war und ist sie in allen uns bekannten Kulturen immer auch ein öffentlicher institutionalisierter *Rechtsakt*. Im alten Orient gehörte zu diesem Rechtsakt zum Beispiel ein Vertrag zwischen dem Bräutigam und dem Brautvater sowie die Zahlung eines Brautpreises (1. Mose 34,11f.). Auch die öffentliche, feierlich begangene »Heimholung« der Braut durch den Bräutigam gehörte zum Hochzeitszeremoniell (Ruth 4,11f; 1. Mose 24,60f.) und dokumentierte öffentlich den erklärten Entschluss zur Ehe wie auch das zu ihr gehörende Verlassen der bisherigen Familie und die Begründung einer neuen Verwandtschaftspriorität (vgl. 1. Mose 2,24).

In allen uns bekannten Kulturen sind Ehen grundsätzlich auf lebenslange Dauer angelegt. Bis heute gehört zur Ehe auch immer ihre öffentlich-rechtliche Legitimation, die die gegenseitige Treueverpflichtung beider Ehepartner rechtskräftig verbindlich macht und unter den Schutz der jeweiligen Rechtsordnung stellt. Sie schützt die Ehe (rechtlich) sowohl nach außen, vor dem Einbruch Dritter in die Intimität der ehelichen Gemeinschaft, wie sie die Eheleute (rechtlich) auch nach innen, vor einem übereilten, kurzschlüssigen Ausbruch aus ihrer Selbstverpflichtung zur ehelichen Treue bewahren will. In beiderlei Hinsichten stehen solche Rechtsordnungen daher für das siebte Gebot: *»Du sollst nicht ehebrechen!«* (2. Mose 20,14). Und es ist überaus wichtig, von vornherein die *positive Absicht* Gottes in diesem seinem Gebot zu erkennen: Mit seinem Verbot des Ehebruchs geht es Gott nicht darum, ein etwaiges Besitzdenken in der Ehe zu begründen, sondern der ehelichen Gemeinschaft nach außen und innen die nötige Geborgenheit zu gewähren. Zu einem *Besitz,* über den ich beliebig verfügen kann, wird mir »mein Ehepartner« ebensowenig, wie »mein Vater« oder »mein Bruder« mein *Besitz* sind!

Die Bibel bringt diese objektive, rechtsgültige Verbindlichkeit der Ehe darüber hinaus dadurch zum Ausdruck, dass sie vom Eheschluss als einem *»Bund« oder »Bundesschluss«* spricht (Sprüche 2,17), bei dem Gott selbst *als Zeuge* zugegen ist (Maleachi 2,14). Der Eheschluss zweier Menschen ist betontermaßen keine bloß private, subjektive Entscheidung des Brautpaares, sondern zugleich ein vor und von Gott bezeugter Rechtsbund – zuletzt ein *unaufhebbares Handeln Gottes selbst* an den Brautleuten! *Gott* fügt ihre Ehe im Eheschluss zusammen, (Matthäus 19,6; wörtlich übersetzt: »er spannt sie in ein Joch zusammen«) und schafft damit *von sich aus* einen Zusammenhang zwischen beiden Menschen, in dem auch das zusammenfinden und zusammenwachsen kann, was von Natur aus *nicht* zusammenpassen und zusammenwachsen will. Das ist gleichsam das Hochzeitsgeschenk Gottes, der *Segen,* den er als Schöpfer und Stifter der Ehe auf jede Eheschließung legt: dass er selbst einen tiefen schöpferischen Zusammenhang zwischen den Eheleuten stiftet, der fortan ihre Ehe trägt, umschließt und befruchtet. *»So sind sie nun nicht mehr zwei, sondern eins«,* sagt Jesus, und: *»Was Gott* *zusammengefügt hat, das soll der Mensch nicht scheiden«* (Matthäus 19,6). Dietrich Bonhoeffer hat diese Aussage Jesu zu Recht so übersetzt: »Was Gott zusammengefügt hat, das *kann* der Mensch nicht scheiden«! Eheleute sind durch Gottes Handeln »ein Fleisch« geworden; entsprechend »kann man eine Ehe ebenso wenig scheiden, wie man einen lebendigen Leib einfach entzweischneiden kann« (Th. Bovet).

– Beachten wir in diesem Zusammenhang, dass Jesus *nicht* sagt: »Die, die Gott zusammen*geführt* hat, soll der Mensch nicht scheiden«, sondern: »*Was* Gott zusammen*gefügt* hat...« Er spricht nicht von der Zusammen*führung* zweier Ehe*partner,* sondern von Gottes Zusammen*fügung* ihrer *Ehe*! Jesus macht nicht die bei vielen Christen beliebte Einschränkung, dass das Verbot der Scheidung nur *den* Ehepaaren gilt, die der Überzeugung sind, dass Gott sie als Paar zueinandergeführt hat. Er geht ohne Einschränkung davon aus, dass im Akt der Eheschließung *grundsätzlich jede* Ehe von Gott zusammengefügt wird – unabhängig davon, ob ein Ehepaar zuvor nach Gottes persönlicher Führung gefragt hat oder nicht. So gewiss Gott zwei bestimmte Menschen persönlich als Ehepartner zueinander führen kann (vgl. 1. Mose 24!), so wenig zwingt er uns Menschen, einen bestimmten Partner zu heiraten. Die Wahl unseres Partners hat Gott ebenso in unsere eigene Macht gestellt, wie den Entschluss, diesen Partner zu heiraten. Gott nimmt unsere Partnerwahl und Entscheidung zu heiraten ernst, *bindet* sich an sie und schließt uns *daraufhin* im Akt der Eheschließung mit unserem Partner zusammen zu einer Ausschließlichkeit des Sich-Gehörens, über die wir *keine* Macht mehr haben und hinter die es dann auch nicht ohne weiteres wieder ein Zurück gibt.

Gott hat deine Ehe zusammengefügt! – sagt Jesus. Die schöpferische Vereinigung von Mann und Frau, die Gott als Stifter der Ehe in der Eheschließung vollzieht, schafft eine Wirklichkeit, die kein Scheidungsgericht dieser Welt einfach außer Kraft setzen kann: *Zwei von Gott zu einem lebendigen Wir verbundene Ichs können nie wieder in zwei gänzlich voneinander unabhängige und unversehrte Ichs geschieden, – sie können allenfalls in zwei halbe Wir zerbrochen werden!* Zwei Menschen können ihren Ehebund nur auflösen im Widerspruch zu dem Werk, das Gott durch sein Zusammenfügen an ihnen getan hat. Das ist die unauslotbare Tragik, von der keine Ehescheidung ausgenommen bleibt und die bei Geschiedenen oft lebenslange Narben hinterlässt.

Prinzipiell, das heißt: so, wie sie Gott in seinem ursprünglichen Schöpferwillen entworfen und gemeint hat, ist die Ehe mithin eine von Gott selbst gestiftete, von ihm zusammengefügte und darum grundsätzlich unauflösbare, lebenslange Einheit von Mann und Frau, deren Gültigkeit erst durch den Tod eines der beiden Ehepartner aufgehoben wird (vgl. Matthäus 22,23-30!). Diese *prinzipielle Unmöglichkeit* der Ehescheidung wird in der Bibel durch *zwei weitere Aussagereihen* unterstrichen:

1. Schon im Alten Testament wird die Ehe zum Vergleich für das Liebesverhältnis Gottes zu seinem Volk herangezogen, gilt der Ehebund zweier Menschen als *Abbild des Bundes,* den der *eine Gott* mit seinem von ihm erwählten *einen Volk* geschlossen hat. Nur und gerade die *monogame lebenslange* Ehe kann von den alttestamentlichen Propheten als geeignetes Gleichnis für das exklusive Verhältnis Gottes zu seinem Volk herangezogen werden, – für einen Treuebund, der von seiten Israels wieder und wieder gebrochen wurde! Der Prophet Hosea empfängt daher von Gott den Auftrag, eine Dirne zu heiraten, um in Form einer prophetischen Zeichenhandlung anschaulich zu machen, dass zwischen Gott (»*dessen Übergeschlechtlichkeit für israelitisches Denken außer Frage steht*«; Hans Walter Wolff) und Israel eine rechtmäßige Ehe besteht, die Israel durch seine Hinwendung zu

heidnischen Kulten unablässig bricht: »*Israel betreibt ständig Hurerei – weg von seinem Gott*« (Hosea 1,2; 9,1). Auch die Propheten Jesaja, Jeremia und Hesekiel übertragen das Bild der Ehe auf das Verhältnis zwischen Gott und Israel (Jesaja 50,1; 54,4ff.; Jeremia 3,8; Hesekiel 16 und 23). Dabei stellen sie in erschütternder Weise heraus, dass und wie oft Israel Gott untreu geworden ist – und zugleich: dass und wie unablässig Gott seinem Volk trotz dessen fortgesetzten Ehebruchs treu bleibt (und bleiben wird! Vgl. Römer 11,1f.). Das entscheidende Merkmal der Liebe Gottes zu seinem Volk, seines »Ehebundes« mit Israel, ist Gottes geradezu unfassbare, *unwandelbare Treue*! – Jeder Ehebund zwischen Menschen ist von diesem Urbild der Ehe Gottes mit seinem Volk her dazu bestimmt, *Abbild* der *treuen göttlichen* Liebe zu sein, den einzigartigen Treuebund Gottes mit uns Menschen in unserer Welt sichtbar zu machen! Als Abbild der treuen Liebe Gottes zu seinem Bundespartner ist die *monogame lebenslange Ehe* die einzige dem biblischen Gottesglauben entsprechende Lebensform der Geschlechter. *Darum Gottes Eifer für die Ehe, – für Liebe und lebenslange Treue in der Ehe!* Vor diesem Hintergrund auch der gellende, leidenschaftliche Ausruf Gottes: »*Ich hasse Entlassungen (Ehescheidungen)!*« (Maleachi 2,16 nach der Elberfelder Übersetzung und nach Menge).

Wer es ernst meint mit seinem Glauben an den in der Bibel bezeugten Gott, muss sich sagen lassen, dass Gott Ehescheidung hasst! – Hinter dieser Aussage steht *ausdrücklich nicht* die Absicht, geschiedenen Menschen zu ihren ohnehin zahlreichen Wunden eine weitere hinzuzufügen, sondern die seelsorgliche Hoffnung (und persönliche Erfahrung!), dass die Ausrichtung an den klaren, eindeutigen Aussagen der Bibel *un*geschiedene Eheleute davor *bewahren* kann, sich mit Gedanken an eine Scheidung überhaupt erst *einzulassen*! Ich selbst habe mir das Hintertürchen solcher Gedanken am Tag meiner Hochzeit ein für allemal *zubetoniert* und das bis heute in meiner Ehe als unschätzbaren Segen erlebt. Wer erst einmal anfängt, über Wege weg vom Partner *nachzudenken*, findet bald nur noch schwer den Weg zu ihm hin! Treue beginnt damit, dass wir in unseren *Gedanken* und mit unseren *Augen* treu sind und werden. Und erst die *Treue* macht die Liebe zweier Menschen zueinander zu einer Liebe, die dem Willen Gottes für die Ehe gemäß ist. Das biblische Bild von der Ehe zwischen Gott und seinem Volk will deutlich machen, dass nicht schon die *Liebe an sich* das Wesen einer Gott wohlgefälligen Ehe ausmacht, sondern die treue, durch Krisen hindurch geläuterte und bewahrte Liebe, – dass die Ehe zuletzt nicht von der Liebe, sondern von der zu *unablässiger Treue* entschlossenen Liebe lebt. »Die große Liebe erkennt man nicht an ihrer (momentanen Leidenschaft und) Stärke, sondern an ihrer Dauer« (Robert Poulet)!

2. Noch deutlicher wird dieses biblische Verständnis von Liebe und Ehe im *Neuen* Testament. Dort überträgt Paulus das Bild des Ehebundes Gottes mit seinem Volk auf die Liebesbeziehung Jesu Christi zu seiner Gemeinde: »*...Darum wird ein Mann seinen Vater und seine Mutter verlassen und sich an seine Frau binden, und die zwei werden ein Fleisch sein. Dieses Geheimnis ist groß; ich deute es aber auf Christus und die Gemeinde*« (Epheser 5,31f.).
Christen, mit Gott versöhnte Menschen, leben von der *Agape Jesu Christi*: von jener göttlichen Liebe, die aus Liebe zu ihren Geliebten zum *Leiden* bereit war und ist, zum Gang in die *Passion*. Die Agape Jesu Christi ist jene Liebe, die sich in der Nacht zum Karfreitag anspeien, geißeln, blutig schlagen und kreuzigen ließ, – die für ihre Geliebten kein Leiden scheute, sondern um ihretwillen *alles* auf sich zu nehmen bereit war und ist. Christen sind gehalten, diese Liebe, mit der sie selbst von Gott geliebt sind, nicht für sich zu behalten: »*Liebet eure Ehefrauen* (bzw.

Ehemänner), *wie Christus die Gemeinde geliebt hat und hat sich selbst für sie dahingegeben!«* (Epheser 5,25; vgl. 5,1f.). Die Agape Jesu Christi ist die einzigartige Liebe jenes Einen, der um seine Geliebten ringt und bangt, ihre Fehler und Sünden *vergibt, vergibt und nochmals vergibt.* Es ist die Liebe dessen, von dem wir alle *bis ins schier Unmögliche hinein geliebt, geliebt und nochmals geliebt* sind, und der nie bereit sein wird, auch nur einen seiner Leute abzuschreiben und aufzugeben! *»Auch wenn wir untreu sind, bleibt er treu!«* (2. Timotheus 2,13). Agape meint eine Liebe, die niemals ein Kündigungsrecht beansprucht, sondern dem Geliebten treu bleibt bis in den Tod. Und eben diese *Agape Jesu Christi* ist es, von der sich Christen geliebt wissen, die ihnen in ihr *»Herz ausgegossen ist durch den Heiligen Geist«* (Römer 5,5b) und mit der sie ihrerseits ihre Ehepartner lieben sollen: *»Wie euer Herr euch vergeben hat, so vergebt auch ihr euch untereinander!«* (Kolosser 3,14)

Ein Christ, der sich von seinem Ehepartner abwendet, kündigt ihm die Agape, – *die* Liebe, Treue und Vergebungsbereitschaft, auf die er selbst von Gott her täglich angewiesen ist, *von der er selbst als Christ lebt!* Die Frage ist: Wie kann er diese Kündigung seiner Liebe vor Gott verantworten? Ob Jesu »Gleichnis vom unbarmherzigen Gläubiger« im Matthäusevangelium (Kap. 18,21ff.) von *ungefähr* unmittelbar vor seinen Worten zur *Scheidung der Ehe* (Kap.19,1ff.) steht? Jesus spricht hier ein (nur im Falle fortgesetzter Hurerei eingeschränktes) Verbot der Ehescheidung aus – vor dem Hintergrund dieser Geschichte von einem Mann, den das Gericht Gottes trifft, weil ihm selbst Berge von Schulden erlassen worden sind und er doch seinerseits nicht bereit ist, in gleicher Weise auch seinem *Mitmenschen* Schulden zu erlassen!

Auch vor dem Hintergrund dieser neutestamentlichen Zusammenhänge wird deutlich, dass das Problem der Ehescheidung aus biblischer Sicht nicht einfach eine bloße Frage der Zerrüttung (vgl. »Zerrüttungsprinzip«!) ist, als ob es *nur* darum ginge, ob man es in der Ehe noch miteinander aushält oder nicht. Man mag es juristisch, kulturell und moralisch drehen und wenden wie man will, – christlich-ethisch, vor dem Hintergrund des biblischen Agape-Gebotes ist Ehescheidung immer auch *Schuld*: schuldig gebliebene Liebestreue Gott und dem Partner gegenüber. – *Nur*: Es begehe bitte niemand den sprichwörtlich »pharisäischen« Fehler, jetzt mit dem Finger auf den *anderen* zu zeigen! Könnte es nicht sein, dass der andere, der sich von seinem Partner scheiden ließ, genau *das* getan hat, womit *ich selbst* schon oft geliebäugelt habe?! Und gibt es nicht ungezählte Ehepaare, die zutiefst voneinander *geschieden* sind, auch wenn sie *nicht* vor den Scheidungsrichter getreten sind?! Im Blick auf den Umgang mit einer *Ehebrecherin* sagt Jesus: »*Wer von euch ohne Sünde ist, der werfe den ersten Stein!*« (Johannes 8,7b). Wir Übrigen sollten lieber in den Spiegel, in den *Beichtspiegel*, als von oben herab auf andere schauen! Ehescheidung beginnt nicht erst mit dem Gang zum Rechtsanwalt, sondern da, wo ich meinem Ehepartner mit meinen Augen oder Gedanken, wo ich ihm im *Herzen* untreu werde (vgl. Matthäus 5,28!). Sie beginnt da, wo ich innerlich den gemeinsamen Weg der Ehe verlasse und einen vom Ehepartner wegführenden, eigenen Weg einschlage. Ob *das* aber nicht Wege sind, auf denen wir Eheleute *alle* zuweilen schon unterwegs waren?

In all den genannten Zusammenhängen geht es der biblischen Ehe-Ethik um die Ehe, wie Gott sie ursprünglich *gemeint* hat, – um ganze und lebenslange Treue in der Ehe. Sie zielt auf die Entsprechung unserer Ehen mit dem guten Willen unseres *Schöpfers* für unser Leben, an dem vorbei wir als seine Geschöpfe unmöglich heilvoll leben können. Eben diesem ursprünglichen guten *Schöpferwillen* Gottes gemäß – sagt Jesus (Markus

10,29) – soll und kann eine Ehe eigentlich unter keinen Umständen geschieden werden, – ist und bleibt die Scheidung einer Ehe von Gott her grundsätzlich eine *Unmöglichkeit.*

## 2. Was sollen wir vom Evangelium Jesu her Menschen raten, deren Ehe gescheitert ist?

Vor dem Hintergrund der vorausgehend dargestellten biblischen Zusammenhänge kommt es nun entscheidend darauf an zu überlegen, wie Menschen vom Evangelium Jesu her *geholfen* werden kann, die in ihrer Ehe an dem guten Willen des Schöpfers für ihre Ehe *gescheitert* sind. So sehr wir einerseits erkennen müssen, dass Ehen von Gottes ursprünglichem Schöpferwillen her eigentlich nicht geschieden werden *können,* so sehr müssen wir andererseits zur Kenntnis nehmen, dass menschlicherseits ungezählte Ehen in dieser unserer Welt – mit oder ohne eine gerichtliche Scheidungsurkunde – faktisch und praktisch geschieden *sind!* Und was wäre die biblische Botschaft für ein *Evangelium,* wenn sie zwar *Froh*botschaft für alle Arten von Zöllnern, Sündern und Versagern wäre, aber *Droh*botschaft für die, die in ihrer *Ehe* versagt haben?!

Gewiss: Jesus verkündet und vertritt Gottes gute ursprüngliche Schöpferordnung ohne Abstriche, aber er lässt damit niemanden einfach stehen, lässt keinen mit seinen Eheproblemen allein. Jesus sieht und weiß sehr wohl auch, dass Gottes gute Schöpfung eine durch die Sünde in *Unordnung* geratene ist, – dass es mithin immer wieder vorkommt, dass Menschen an Gottes gutem Willen für ihr Leben tragisch scheitern. Jesus sagt daher *nicht*: Ehescheidung gibt es nicht, darf und kann es nicht geben, gescheiterte Ehen sind eine Unmöglichkeit, über die ich nicht nachdenke! Nein, er geht auf die realen Gegebenheiten in unserer gefallenen Welt ein (Matthäus 19,7-9): »*Mit Rücksicht auf eure Herzenshärte hat Mose euch gestattet, euch von euren Frauen scheiden zu lassen; aber ursprünglich ist es nicht so gewesen. Ich aber sage euch: Wer sich von seiner Frau scheidet, es sei denn wegen Ehebruchs, und heiratet eine andere, der bricht die Ehe.*«

Jesus spricht hier von einer vor dem Hintergrund der Schöpfungsordnung Gottes eigentlich *unmöglichen Möglichkeit*: davon, dass Gott bereits im Gesetz des Alten Testaments *entgegen* seiner ursprünglichen Ordnung uns Menschen gegenüber eine *Konzession* eingegangen ist. Er konzediert gleichsam eine für den *Not*fall gegebene *Not*ordnung, die in eine durch Sünde in *Un*ordnung geratene Beziehung zweier Ehepartner wieder *Ordnung* bringen soll: Jesus räumt ein, dass es die Liebe zu beiden Menschen gebieten kann, ihre zuletzt an der Verhärtung ihrer Herzen gescheiterte Beziehung durch die Scheidung ihrer Ehe neu zu ordnen; und er nennt den Fall, dass einer der beiden Ehebruch begangen hat. – Untersuchen wir zunächst, wie Jesus diese sogenannte »Ausnahmeklausel« gemeint hat:

Hart geworden, verhärtet ist das Herz eines Menschen dann, wenn er zu vergebender Liebe nicht mehr bereit oder fähig ist. Wo sich Ehepartner ihr Schuldigwerden aneinander nicht mehr gegenseitig verzeihen wollen oder können, ist ihrer Liebe zueinander der Boden entzogen, wird ihr Miteinander zum Neben- und Gegeneinander, ihr Eheduett zum Eheduell, da leben sie praktisch in Scheidung. – Um die schlimmen Folgen solcher Hartherzigkeit zwischen Ehepartnern nicht ausufern zu lassen, um noch Schlimmeres und Schlimmstes zu verhindern, hat Gott durch Mose bereits im alten Israel ein Gesetz verfügt, das die Scheidung einer solchen innerlich zerbrochenen Ehe ermöglichte und juristisch regeln sollte. Auch mit der eigentlichen Absicht Gottes *nicht* übereinstimmende Verhaltensweisen sollten nicht ohne Ordnung bleiben. Durch die Einführung eines urkundlichen Scheidebriefes (5. Mose 24,14), den ein Mann seiner Frau bei deren Entlassung aus dem Eheverhältnis aushändigen musste, sollte dieser eine Wiederheirat ermöglicht und damit ein Weg zur sozialen Absicherung ihres weiteren Lebens eröffnet werden. Für Frauen war die Ehe zur Zeit des Alten Testaments geradezu die einzige Überlebensmöglichkeit: Sie *mussten* nach einer Scheidung oftmals unweigerlich wieder heiraten, um versorgt zu sein. Ohne ein rechtmäßiges Scheidungsdokument aber hätte sich eine Frau durch Wiederheirat des Ehebruchs und damit der Todesstrafe schuldig gemacht (5. Mose 22,22)! Die Regelung einer Ehescheidung durch die Ausstellung eines Scheidebriefes war also vor allem als eine *soziale* Maßnahme gedacht, die der sozialen Absicherung der Zukunft einer von ihrem Mann entlassenen Frau dienen sollte. Zur Zeit Jesu aber wurde dieses Gesetz entgegen seiner ursprünglichen Absicht von vielen korrumpiert: Ehemänner missbrauchten es als Legitimation, sich ihrer nicht mehr gemochten Ehefrau auf schnelle und bequeme Art zu entledigen. Aus einer *Ordnung* für den *Notfall* einer Scheidung hatte man ein prinzipielles *Recht* auf Scheidung abgeleitet. Streit gab es unter den Rechtsgelehrten damals nur hinsichtlich der Frage, ob Scheidung ausschließlich im Falle eines von der Partnerin begangenen schweren sittlichen Vergehens erlaubt sei (- so lehrten die Anhänger von Rabbi Schammai), oder ob *jeder beliebige* Grund zu ihrer Entlassung berechtige (- so Rabbi Hillel und seine Schüler, durch deren Lehre Frauen damals geradezu zu Weg-Werf-Artikeln entwürdigt wurden). Eben diese nun von den Pharisäern an ihn gerichtete Streitfrage ist Hintergrund und Anlass der oben zitierten Stellungnahme Jesu zur Frage der Ehescheidung (Matthäus 19,3).

Zunächst fällt auf, dass Jesu Antwort auf diese Streitfrage gar nicht eingeht, sondern hinter das Gesetz des Mose zurückgreift. Jesus ruft seine Zuhörer gegen den Strom der damaligen öffentlichen Meinung zur Quelle zurück, legt den ursprünglichen guten Schöpferwillen Gottes wieder frei: »*Was Gott zusammengefügt hat, das soll* (bzw. kann) *der Mensch nicht scheiden*« (19,6). In schroffem Gegensatz zur Praxis des Scheidebriefes bezeichnet Jesus Ehescheidung und Wiederheirat Geschiedener grundsätzlich als Ehe*bruch*, als Zerbruch der vom Schöpfer gewollten lebenslangen Einheit von Ehepartnern (Matthäus 5,32; 19,9; Markus 10,11f.; Lukas 16,18). Auch wenn Eheleute sich in der vom Gesetz Moses vorgeschriebenen Form mit Hilfe eines Scheidebriefes (und womöglich in Freundschaft und gegenseitigem Einverständnis!) juristisch korrekt voneinander trennen, brechen sie Gottes siebtes Gebot (2. Mose 20,14) und werden schuldig aneinander! Jesus geht es erst einmal darum, den motivischen Kern, die eigentliche und tiefste Ursache aufzudecken, die zum Zerbruch einer Ehe führt: die *Sünde* des Menschen, seine Hartherzigkeit Gott und seinem Partner gegenüber. Jesu Statement zur Ehescheidung ist zuallererst ein Ruf in die *Buße,* zur Rückkehr in den guten Willen des Schöpfers, der die Grundlage alles heilvollen Miteinanderlebens ist. Von Gottes Schöpferwillen her bestreitet Jesus zunächst kategorisch jedes *Recht* auf Scheidung. *Erst daraufhin* spricht er von jener eigentlich unmöglichen Möglichkeit, dass die durch Sünde in Unordnung geratene Beziehung zweier Menschen durch die Scheidung ihrer Ehe neu geordnet werden kann. Wenn überhaupt, sagt Jesus, dann kann Scheidung wohl am ehesten im Falle vorausgegangenen *Ehebruchs* notwendig sein, das heißt: zu einer die *Not wendenden* Neuordnung des Lebens beider führen.

Der an dieser Stelle mit »Ehebruch« übersetzte griechische Begriff porneia bedeutet nicht »nur« einen sogenannten »Seitensprung« des Ehepartners (griechisch: moicheia), sondern ist entsprechend dem verwandten Begriff porne (= Dirne, Hure, Prostituierte; vgl. 1. Korinther 6,16) genauer mit »Hurerei« oder »Unzucht« zu übersetzen. Das heißt, dass zwar jede außerhalb der Ehe gelebte sexuelle Beziehung den Tatbestand der Unzucht (porneia) erfüllt; aber wenn Jesus von Unzucht als Begründung einer Ehescheidung spricht, meint er *mehr* als einen einzelnen Seitensprung. Jesus hat vielmehr den Fall vor Augen, dass ein Ehepartner den anderen fortgesetzt und immer wieder betrügt, oder dass sich eine verheiratete Frau (oder auch ein Ehemann) gar der Prostitution hingibt. Jesus weiß nicht nur um Gottes ursprünglichen Schöpferwillen, sondern auch um die Grenzen der *Belastbarkeit* eines Menschen! Er gesteht mit dieser »Ausnahmeklausel« offenbar zu, dass menschliche Tragkraft *Grenzen* hat im Blick auf das, was sie an ehelicher Untreue und Enttäuschung vom Partner ertragen kann. Man stelle sich nur einmal vor, dass ein Mann seine Ehefrau (oder umgekehrt: sie ihn) immer wieder betrügt – über Jahre hin!, ohne dass eine Änderung seines (bzw. ihres) Verhaltens auch nur von ferne absehbar wird. Man stelle sich *weiter* vor, dass die betroffene Frau an der fortgesetzten Untreue ihres Mannes auf die Dauer physisch und psychisch zu zerbrechen droht! – Ob man Jesus nicht zustimmen muss, wenn er in einem solchen Fall, in dem ein Verheirateter nicht bereit ist, in die eheliche Treue zu seinem Partner zurückzukehren, sagt: Der Zerbruch dieser Ehe wiegt weniger schwer als der drohende Zerbruch eines Menschen?! Ist es in einer Lage, in der es unausweichlich um eine *solche Alternative* geht, nicht tatsächlich besser, eine *Ehe* als eine Ehe*frau* oder einen Ehe*mann* kaputtgehen zu lassen?! Jesus verschließt seine Augen nicht davor, dass es in unserer Welt unmenschliche, Leben zugrunde richtende Eheverhältnisse gibt. Gottes Gebote aber sind uns Menschen »*zum Leben*« gegeben, zielen immer auf das Gelingen, auf den Schutz und die Erhaltung unseres Lebens (3. Mose 18,5; 5. Mose 4,1). Geradezu exemplarisch macht Jesus das in seinem Umgang mit dem Sabbat-Gebot deutlich (vgl. Markus 2, 23-27). Darum hat auch das Verbot der Ehescheidung dort seine *Grenze*, wo seine Anwendung nicht mehr dazu führt, dass Menschen heilvoll miteinander leben können, sondern sich gegen ihr Leben richtet.

Neben der *Unzucht*, der nicht nur fortgesetzter Ehebruch, sondern auch sexuelle Misshandlungen, Vergewaltigungen und alle Formen extremer, widernatürlicher sexueller Praktiken (zum Beispiel Sodomie, Inzest) zuzurechnen sind, nennt die Bibel im Blick auf Gottes grundsätzliches Scheidungsverbot noch eine *zweite* Ausnahme. Paulus spricht von ihr in seinem ersten Brief an die Christen in Korinth: »*Wenn der ungläubige Ehepartner sich scheiden lassen will, so lass ihn sich scheiden. Der Bruder oder die Schwester ist in solchen Fällen nicht gebunden*« (Kap. 7,15). Paulus deutet hier die Möglichkeit der Ehescheidung im Blick auf eine Mischehe an, in der der eine Partner Christ und der andere Anhänger eines nichtchristlichen Glaubens ist. Gewiss ist der an Jesus Christus glaubende Partner durch Jesu grundsätzliches Verbot (1. Korinther 7,10!) der Ehescheidung gehalten, auch dann alles für den Erhalt seiner Ehe zu tun, wenn er mit einem Partner anderen Glaubens verheiratet ist. Paulus geht gar so weit zu sagen, dass in einer solchen christlich-nichtchristlichen Mischehe der Nicht-Christ durch den Christen *mit geheiligt* ist, und ihm liegt unter allen Umständen am Erhalt dieser Ehe – *auch* um der gemeinsamen Kinder willen (7,14)! So sehr Paulus nicht verheiratete Christen vor einer Ehe*schließung* mit Nicht-Christen warnt (2. Korinther 6,14), so wenig teilt er die damals offenbar in der Gemeinde in Korinth verbreitete Meinung, ein Christ werde durch eine bereits bestehende Ehe mit einem Nicht-Christen »verunreinigt« und solle sich daher von diesem trennen. Dieser

Auffassung setzt er vielmehr die seinen Mitchristen Mut machende Überzeugung entgegen: Traut Gott viel mehr zu! Eure noch nicht glaubenden Partner werden durch euch geheiligt, stehen durch ihre Ehen mit euch indirekt unter einem besonderen, guten Einfluss Gottes – und eure Kinder ebenso! Nur in einem einzigen Fall scheint Paulus das Verbot der Auflösung einer solchen Ehe unhaltbar: dann nämlich, wenn der andersgläubige seinem an Jesus Christus glaubenden Partner auf Dauer das Leben unerträglich macht, *seinerseits* die Initiative zum Zerbruch der Ehegemeinschaft ergreift und auf Scheidung *besteht.*

Auch in diesem von Paulus erwähnten *zweiten* Ausnahmefall kann es also unter Umständen von der neutestamentlichen Ehe-Ethik her geboten sein, einem Christen zu einer Scheidung zu raten. – *Unter Umständen!,* denn freilich kann ein *Christ* weder im Falle einer konfliktreichen Mischehe noch im Falle der Unzucht Scheidung ohne weiteres als erlaubt ansehen! Ob ihn sein Ehepartner betrügt, ob er ihm Terror macht oder ihm anderes Leid zufügt, – *was immer* ihm auch sein Ehepartner antun mag: ein Christ weiß, dass *Gott* seine Ehe mit diesem Partner zusammengefügt hat, – weiß, dass sie in einem niemals ungeschehen zu machenden Handeln *Gottes* gründet! Und: Ein Christ weiß um die Menschen verändernde, erneuernde Kraft der *Vergebung,* um die schöpferische Liebeskraft der ihm von Gott ins Herz gegossenen *Agape* (Römer 5,5), die eine »*Menge von Sünden zudeckt*« (1. Petrus 4,8) und nach 1. Korinther 13,7 nicht nur viel, sondern »*alles (er)trägt, glaubt, hofft, duldet*« – um Gottes und des Partners willen! – Auch Demütigungen, Erniedrigungen, Ohrfeigen, tiefe seelische Verletzungen? – Ja, unter Umständen auch das! Die Agape-Liebe Gottes schließt in diesem »alles« *auch das* nicht aus. Und wer eine Ahnung davon hat, was das in Krisensituationen einer Ehe an Leiden bedeuten kann, wird *auch* ahnen, wie ungeheuer *schwer* es in Ehekrisen fallen kann, an diesem »alles«

festzuhalten! Gewiss zeigen gerade die beiden angeführten neutestamentlichen Ausnahmeklauseln, dass die Bibel *Grenzen*
menschlicher Belastbarkeit und Tragkraft kennt. Und doch
möchte Gott es Menschen, die die Urkraft seiner Liebe in ihrem
Leben erfahren haben, möglich machen, in eben dieser ihnen *geschenkten göttlichen* Liebeskraft ihrem Partner auch schwerste
Verfehlungen zu verzeihen. Die von Gott kommende, christliche
Liebe reicht sehr, sehr weit, und sie vermag sehr, sehr viel, – da,
wo sie sich als uns von ihm geschenkte und als solche in Anspruch genommene *Lebenskraft* erweist!

Aus alledem mag deutlich werden, dass ein Christ seinem
Ehepartner nicht mit seinem vermeintlichen Recht oder mit Paragraphen begegnen sollte – auch nicht mit »*biblischen* Paragraphen«, sondern gehalten ist, sein Verhalten am *Geist des Evangeliums Jesu Christi* auszurichten: und dieses Evangelium hat
die Nachricht von der weitreichenden, rückhaltlosen, uneingeschränkten *Agape-Liebe Gottes* zu uns Menschen zum Inhalt! Mit
dem Geist dieses Evangeliums ist es nicht vereinbar, wenn sich
ein Christ von dieser Liebe dispensiert und sich auf die genannten Ausnahmeklauseln wie auf Paragraphen beruft, um daraus
für sich ein *Recht* auf Scheidung zu beanspruchen. Wie wir Menschen als Sünder kein *Anrecht* auf Gottes Vergebung haben, sondern als Christen wissen, dass es ein immer neues, nicht einfor-
derbares *Wunder* ist, dass Gott unsere Fehler wieder und wieder
verzeiht, so begründen auch die seinem ursprünglichen Schöpferwillen entgegenstehenden Ausnahmeklauseln keinen Rechtsan-
spruch, auf den man ohne weiteres bestehen könnte, sondern eine
im Einzelfall gründlich zu prüfende, eigentlich unmögliche Möglichkeit. Beide Ausnahmeregelungen sind grundsätzlich falsch
verstanden, wenn man sie gesetzlich, kasuistisch, als einen Frei-
brief für irgendeinen bestimmten Fall missversteht. Es kann viel-

mehr umgekehrt auch Gründe und Fälle geben, die in der Bibel *nicht* genannt sind, und in denen es dennoch der Eheseelsorge (bzw. einer Gemeindeleitung) um der Liebe willen geboten sein kann, zur Scheidung der betreffenden Ehe zu raten. Dies kann zum Beispiel dann der Fall sein, wenn die Auseinandersetzungen in einer Ehe zu einer realen Gefahr für die Gesundheit oder gar für das Leben eines der beiden Ehepartner eskalieren. Unvergesslich habe ich den Hilfeschrei einer Ehefrau durchs Telefon in meinem Ohr: »Bitte helfen Sie mir, mein Mann ist wieder so außer sich, dass ich Angst habe, er *vergisst* sich an mir! Eines Tages schlägt er mich noch tot!« – Wer wüsste nicht, dass ein solcher Fall kein Einzelfall ist. Sollte da die christliche Ehe-Ethik dem Schutz des Lebens nicht Vorrang geben vor dem Schutz der Ehe?! Hat nicht Jesus selbst dem Leben in ähnlicher Weise Vorrang vor der Einhaltung des Sabbatgebotes eingeräumt (Markus 2,27)?!

Weil Jesus das Scheidungsverbot als Imperativ ausspricht und nicht als starres Gesetz statuiert, sind seine Weisungen wie die des gesamten Neuen Testamentes zur Frage der Ehescheidung grundsätzlich missverstanden, wenn sie im Sinne damaliger jüdischer Kasuistik gedeutet werden. »*Diese* (nämlich) *hat ihr Kennzeichen darin, dass sie immer engere Maschen eines Netzes knüpft in dem Bestreben, das ganze Leben des Menschen einzufangen. Aber sie lässt mit jeder neuen Masche ein neues Loch und spart mit ihrem Eifer, konkret zu werden, doch in Wahrheit das Herz des Menschen aus. Diese 'Herzlosigkeit' gehört zum Wesen aller Kasuistik. Die konkreten Weisungen Jesu dagegen greifen durch die Lücken und Löcher nach dem Herzen des Menschen und treffen dorthin, wo sein Dasein gegenüber dem anderen und gegenüber Gott wirklich auf dem Spiel steht*« (Günter Bornkamm: Jesus, Stuttgart 1956, S. 97). – Weil christliche Ehe-Ethik nicht kasuistisch vom Buchstaben biblischer Gesetzesanweisungen, sondern vom *Geist des Evan-*

*geliums* her nach Wegweisung zu einem heilvollen Leben fragt, sind auch Fälle denkbar, in denen sie einer Scheidung auch dann *nicht* zustimmen kann, wenn einer der beiden Ehepartner wiederholten Ehebruch begangen hat und also die Bedingung der Anwendung der ersten Ausnahmeklausel formal erfüllt hat. Da rechtfertigt zum Beispiel eine Christin ihren Entschluss, sich scheiden zu lassen (unter Berufung auf diese Ausnahmeklausel scheinbar zurecht!) damit, dass ihr Ehepartner mit einer anderen Frau fremdgegangen ist. In einem folgenden Gespräch des Pastors mit beiden Ehepartnern stellt sich dann heraus, dass sich die betreffende Frau ihrem Mann aufgrund mancher Verletzungen in ihrem Gefühlsleben über Jahre hin sexuell verweigert hat. – Ob sich eine seelsorglich verantwortungsbewusste und psychologisch versierte Eheberatung in einem solchen Fall von den heilenden Möglichkeiten einer *gemeinsamen* Ehe-*Therapie* nicht mehr versprechen wird als von einer voreiligen Ehe-Scheidung?! Erfahrene Eheberater wissen, dass eine Scheidung in den meisten Fällen mehr Probleme schafft als sie löst. Die überwiegende Mehrzahl aller Scheidungswilligen ist sich über das Ausmaß der Folgen einer Scheidung kaum wirklich im Klaren, sondern möchte »nur« endlich die drückende Last loswerden, die das Zusammenleben mit dem Ehepartner für sie bedeutet. Die wenigsten Geschiedenen sagen, dass ihr Leben nach der Scheidung unter dem Strich dauerhaft glücklicher geworden ist. Weil die Auflösung einer Ehe nur in seltenen Fällen ein kummerloses Auseinandergehen, sondern zumeist ein echtes Lebensdesaster, bisweilen sogar ein psychosoziales Gesundheitsrisiko ist, und weil die Liebe Jesu immer um das Heil und Wohl der betroffenen Menschen bemüht ist, darum geht es ihm in seinen Aussagen über die Ehe nicht um gesetzliche Kasuistik und glatte judiziable Paragraphenanwendung, sondern zuerst und zuletzt um die *barmherzige Wiederzurechtbringung* dieser Menschen vom Evangelium her. In einer den Maßstäben des biblischen *Evangeliums* verpflichteten Gemeinde kann daher nicht gesetzlich paragraphenhaft gelehrt werden: In *diesem* Fall ist Scheidung *erlaubt*, und in *jenem* Fall ist sie *nicht* erlaubt. Ihr oberstes Anliegen muss es vielmehr sein, Betroffenen vom Evangelium Jesu her zu begegnen und von diesem her *je neu* nach Gottes Willen *für den einzelnen konkreten Fall* zu fragen. Das neutestamentliche Evangelium redet viel von Barmherzigkeit und Vergebung, aber es meint damit nicht: alles verstehen, alles per se verzeihen und alles erlauben. Das Neue Testament weiß auch um die befreienden und heilenden Kräfte der Buße und Beichte (vgl. Jakobus 5,16), und es spricht von der Möglichkeit, dass es auch in hoffnungslosen Lebenslagen durch die Heilkraft der Vergebung zu heilvollen Veränderungen und Neuanfängen kommen kann (vgl. Johannes 8,3-11; Johannes 4; Lukas 7,36-50!), – auf die Ehe bezogen: zu Neuanfängen in der *bestehenden* Ehe! Am Evangelium Jesu orientierter Ehe-Ethik und Seelsorge ist daher *in jedem einzelnen Fall* die wahrlich nicht leichte Aufgabe aufgetragen, *neu* zu prüfen:

- In welcher Weise kann die durch die gegebene Ehekrise entstandene Unordnung im Leben der Betroffenen wieder *geordnet* werden?

- Wie kann nicht nur dem ursprünglichen Schöpferwillen Gottes, sondern auch dem Evangelium von seiner barmherzigen und vergebenden *Liebe* am besten entsprochen werden?

- Kann im vorliegenden Fall im Vertrauen auf Gottes Barmherzigkeit und Vergebung vielleicht ein Weg geraten sein, der von seinem ursprünglichen Schöpferwillen her unmöglich erscheint?

Dabei sollte *auch* gefragt werden, ob es einem oder beiden auf eine Scheidung zugehenden Christen nur darum geht, was von der Bibel her »erlaubt« ist und wie er oder sie für sich den bequemsten Ausweg aus der bestehenden Ehe finden, oder ob es den Betroffenen auch in ihrer schweren Lage darum zu tun ist, deutlich zu machen, wem sie als Christen mit samt ihrem Leben *gehören* und gehören *wollen!* – Bezeichnend für das Letztere ist in gewisser Weise die Haltung jener in flagranti ertappten Ehebrecherin, von der das Johannes-Evangelium berichtet (Kap. 8, 3-11): Obwohl ihr die Todesstrafe droht, verteidigt und rechtfertigt sie sich nicht, sondern gibt *Jesus* das letzte Wort, räumt *seinem* Urteil über sich letzte, entscheidende Geltung ein. Selbst als Jesus sie indirekt als Ehebrecherin schuldig spricht (V.7), flieht sie nicht vor ihm, sondern bleibt im Anklagekreis vor ihm stehen, *bekennt* sich auf diese Weise zu ihrer Schuld und anerkennt damit *seine* Sicht der Dinge als die für ihr weiteres Leben maßgebliche. Erst und eben *daraufhin* spricht Jesus sie in göttlicher Vollmacht frei und ermöglicht ihr durch die Kraft seiner Vergebung einen ihr Leben verändernden Neuanfang: *»Ich verurteile dich nicht; gehe hin und sündige hinfort nicht mehr«* (V.11).

## 3. Wiederheirat Geschiedener im Lichte des Evangeliums Jesu

Jesus sanktioniert den Ehebruch dieser Frau mit keinem Wort, aber er übt Barmherzigkeit an ihr als Ehebrecherin: vergibt ihr die Schuld ihres Ehebruchs. Ähnlich geht er mit dem stadtbekannten Freudenmädchen (in Lukas 7,36ff.) und der Samaritanerin (in Johannes 4) um. Auch Ehebruch und Ehescheidung sind mithin *keine unvergebbaren* Sünden, sofern sie von den Betreffenden vor Gott als »Sünden« eingestanden werden. – Nur: Gottes Vergebung befreit von der *Schuld* eines Vergehens, nicht aber automatisch auch von dessen *Folgen!* Die Frage ist daher, welche Folgen ihr Ehebruch im weiteren Leben dieser erwähnten Frauen nach sich zieht: Müssen sie jeweils an ihrer ersten Ehe festhalten, oder dürfen sie den Mann, mit dem sie in der Gegenwart zusammenleben, heiraten? – Jesus beantwortet diese Fragen nicht. Auch in Johannes 8 spricht er keinerlei Verbot aus, nur das Gebot: »*Gehe hin und sündige hinfort nicht mehr!*« und überlässt es damit ihr und uns, selbst herauszufinden, was das im konkreten Fall zu bedeuten hat. Jesus richtet seinen Blick nicht primär auf das, was christlich-ethisch *erlaubt* ist, sondern auf das, was vom Willen Gottes her *geboten* ist, – darauf, dass dieser Wille im Leben der Menschen konkret zur Geltung kommt!

Damit deutet sich bereits an, dass es auf die Frage nach der Möglichkeit einer Wiederheirat Geschiedener im Neuen Testament ebensowenig eine direkte, eindeutige und glatte Antwort im Sinne kasuistisch anwendbarer Gesetzesparagraphen gibt, wie auf die Frage nach der Möglichkeit der Ehescheidung überhaupt. Im Gegenteil: Das gesamte Neue Testament enthält keinen einzigen Text, der sich direkt und explizit mit diesem Thema auseinandersetzt. Während zur Zeit des Alten Testaments die Möglichkeit der Wiederheirat Geschiedener aufgrund der Institution des Scheidebriefes eine fraglose, – wenngleich mit dem Willen Gottes gewiss nicht ohne weiteres übereinstimmende – Selbstverständlichkeit (vgl. 5. Mose 24,24) war, findet sich im Neuen Testament keine einzige Aussage, die diese Möglichkeit überhaupt unzweideutig einräumt! Obwohl Jesus, – wie wir bereits sahen –, durchaus darum weiß, dass es zerbrochene, gescheiterte Ehen gibt und er an seiner Barmherzigkeit gegenüber den betreffenden Menschen wie auch an seinem grundsätzlichen Festhalten an Gottes gutem ursprünglichem Schöpferwillen keinen Zweifel lässt, spricht er von der Wiederheirat Geschiedener nur indirekt: »*Wer eine geschiedene Frau* (oder einen geschiedenen Mann) *heiratet, begeht Ehebruch*« (Lukas 16,18). – Was meint Jesus mit dieser in den Evangelien viermal überlieferten Aussage? Wenn er Ehescheidung und eine darauf folgende Wiederheirat mit dem Bruch der Ehe gleichsetzt, will Jesus offensichtlich sagen: jede Ehe ist nach dem Willen des Schöpfers grundsätzlich eine *lebenslange und exklusive* Verbindung zweier Menschen; darum ist der ursprüngliche Ehepartner auch aus dem Leben eines geschiedenen Menschen einfach nicht wegzudenken! Wer nach einer Scheidung eine neue Ehe eingeht, kann die erste *prinzipiell nicht ungeschehen* machen. Mag die Scheidung einer Ehe auch *juristisch* korrekt sein und deren rechtskräftige Aufhebung eine legale Voraussetzung und Ermöglichung einer neuen, zweiten Ehe bedeuten, – am Willen Gottes gemessen, in christlich-ethischer Hinsicht, machen sich Menschen durch die Scheidung ihrer Ehe schuldig vor Gott. Eine Wiederheirat Geschiedener mit einem neuen, anderen Partner *potenziert* diese Schuld insofern noch – zum unrevidierbaren *Zerbruch* der ursprünglichen Ehe –, als sie eine echte und umfassende Wiederversöhnung der zuvor miteinander Verheirateten in aller Regel für immer unmöglich macht. (Dass ein solcher Zerbruch der Ehe zudem eine durchweg bei weitem unterschätzte, *ungeheure Hypothek* für jede neue Ehe bedeutet, weist die Erfahrung immer wieder in tragischer Weise aus.) Paulus zieht aus dieser Position Jesu die folgende Konsequenz (1. Korinther 7,11): wo die Ehe zweier Menschen rechtskräftig geschieden worden ist, bleiben beiden nur zwei Wege offen: der Weg der *Wiederversöhnung* oder der des *Verzichts* auf eine neue Ehe.

Was aber, wenn der Weg zu umfassender Wiederversöhnung geschiedener Ehepartner gar nicht mehr offensteht, endgültig verbaut ist, zum Beispiel dadurch, dass einer der beiden Geschiedenen bereits wieder geheiratet hat? Paulus scheint den Fall nicht einmal als Möglichkeit vor Augen zu haben, dass eine Wiederversöhnung Geschiedener gar nicht mehr realisierbar ist. Muss der Geschiedene auch in diesem Fall lebenslang unverheiratet bleiben? Auch wenn er an der Last des Alleinbleibenmüssens womöglich innerlich zu zerbrechen droht?

Leider gibt das Neue Testament auf diese Frage keine eindeutige und erschöpfende Antwort. Paulus deutet nur an, dass ein Christ, dessen nicht-christlicher Ehepartner auf die Scheidung besteht, *»an seine Ehe nicht sklavisch gebunden ist«* (1. Korinther 7,15). Bedeutet diese Aussage nur, dass ein Christ in der entsprechenden Situation frei ist, in eine Scheidung einzuwilligen? Oder will sie sagen, dass Christen unter diesen Umständen auch frei sind für eine neue Ehe bzw. frei zur Heirat eines anderen Partners? – Paulus interpretiert diese Aussage nicht näher, sondern überlässt sie *unserer* Interpretation, und diese ist in der Geschichte der Christenheit zu allen Zeiten *unterschiedlich* ausgefallen!:

Nehmen wir zum Beispiel einmal folgenden Fall an: Eine Ehe wird geschieden, weil der Ehemann exzessiver Alkoholiker ist, seine Familie seit Jahren tyrannisiert und verprügelt, so dass die Kinder durch die Male der Prügel am Körper gezeichnet sind. Obwohl die Scheidung dieser Ehe schier unumgänglich geworden ist, leidet die Ehefrau an dem Notwendigwerden dieser nach Gottes Schöpferwillen eigentlich unmöglichen Möglichkeit, und sie gesteht ein, dass auch sie ihrem Mann gegenüber in all den Jahren ihrer Ehe so manches Mal Liebe schuldig geblieben ist. Nach etlichen Jahren und einem langen Weg seelsorglicher Aufarbeitung und Bewältigung des Vergangenen lernt sie einen unverheirateten Partner kennen, dem sie nach all ihren leidvollen Erfahrungen wieder vertrauen kann und mit dem sie ihren Kindern ein neues familiäres Zuhause geben möchte. Kann christliche Ehe-Seelsorge in einem solchen Falle sagen: »Eine Wiederheirat widerspricht prinzipiell dem Willen Gottes und ist daher generell unmöglich«? Wird sie nicht vielmehr vom Geist des Evangeliums Jesu her einer Wiederheirat zustimmen und sagen *müssen*: »Weil Jesus jener Ehebrecherin vergeben und ihrem Leben damit einen Neuanfang eröffnet hat, darfst du darauf vertrauen, dass er auch zu dir steht«?! Muss sie nicht insbesondere in Fällen, in denen Geschiedene an der Last des Alleinseins (und eines oft kräftezehrenden Allein-erziehen-Müssens) zugrundezugehen drohen, in Anschlag bringen, dass die Ge- und Verbote Gottes um des Menschen willen gegeben sind, dass sie ihm zu heilvollem Leben verhelfen sollen, und dass nicht etwa der Mensch um dieser Ordnungen willen da ist?! Auch als Not-Ordnung kann die Wiederheirat – analog zur alttestamentlichen Not-Ordnung des Scheidebriefes – in mancherlei Fällen dazu dienen, ein durch eine Scheidung in Unordnung geratenes (Familien)Leben wieder heilvoll zu ordnen. Dies kann sie *unter Umständen (!)*, – zum Beispiel dann, wenn einer der beiden geschiedenen Ehepartner bereits einen anderen Partner geheiratet *hat*, damit die Wiederversöhnung und Wiederheirat mit seinem ersten Partner unmöglich gemacht und nach dem Wort Jesu die vorangegangene Ehe (endgültig) *»gebrochen«* hat. Gewiss gilt die eheliche Treueverpflichtung *grundsätzlich* lebenslang, bis dass der *Tod* zwei Ehepartner voneinander scheidet. Aber kann christliche Ehe-Seelsorge dem Betreffenden in einem solchen, hinsichtlich einer etwaigen Wiederversöhnung *aussichtslosen,* Fall zumuten, den Rest seines vielleicht noch sehr langen künftigen Lebens alleinzubleiben? – Ungleich schwieriger ist diese Frage *dann* zu beantworten, wenn der ursprüngliche Partner eines Geschiedenen sich entschlossen hat, nicht mehr zu heiraten, sondern stattdessen eine »Ehe ohne Trauschein« oder eine *gleich*geschlechtliche feste Beziehung einzugehen!

Freilich sind auch vielerlei Fälle vorstellbar und zuweilen real gegeben, in denen christliche Ehe-Seelsorge zur Wiederheirat Geschiedener »nein« sagen muss. Zum Beispiel dann, wenn ihre Ehe geschieden wird, »nur« weil ein (oder beide) Ehepartner sich bereits für eine gemeinsame Zukunft mit einem *anderen*, sympathischeren, attraktiveren Partner entschieden hat (bzw. haben) und daher an einer wirklichen Wiederversöhnung mit dem Ehepartner gar nicht aufrichtig interessiert ist (sind). Vom neutestamentlichen Evangelium her können Scheidung und Wiederheirat Geschiedener nicht als Ausweg aus einer unbequem gewordenen Ehe in eine aussichtsreichere neue Ehe legitimiert werden.

Gewiss, die genannten Fallbeispiele sind extrem, die realiter in christlichen Gemeinden begegnenden Problemfälle meist viel komplizierter und daher auch ungleich schwerer zu beurteilen. Dennoch dürfte deutlich geworden sein, warum dem Evangelium Jesu verpflichtete Eheseelsorger und Gemeindeleitungen in puncto Scheidung und Wiederheirat Geschiedener leicht in die Schusslinie der Kritik geraten: weil sie im einen Fall *so* und im anderen *so* – nämlich immer *evangeliumsgemäß* raten, beurteilen und entscheiden müssen und die seelsorglichen Gründe ihrer Entscheidungen wiederum aus seelsorglichen Gründen freilich nie in allen Einzelheiten coram publico aufdecken dürfen. In jedem einzelnen Fall hat die christliche Ehe-Seelsorge mit dem Betroffenen gemeinsam im Hören auf den Geist des Evangeliums die schwere, verantwortungsvolle und folgenreiche Aufgabe zu fragen, in welche Richtung die Fingerzeige Gottes weisen.

*Ein* solcher bedeutender Fingerzeig ist gewiss daran ablesbar, ob dem Betreffenden abzuspüren ist, dass Gott ihm echte Buße, Reue, Vergebung und *ehrliche Offenheit* gegenüber seinem zu erfragenden Willen geschenkt hat, oder ob er der Meinung ist, der Vergebung Gottes nicht zu bedürfen, Scheidung und Wiederheirat eines Geschiedenen seien im Grunde »regelbar« wie alles andere im Leben. Um einer heilvollen Gestaltung der Zukunft des Betroffenen willen wird es hinsichtlich der Frage nach der Möglichkeit seiner Wiederheirat ebenso wichtig sein, gewissenhaft zu eruieren, ob es bei ihm im Blick auf eigene Fehlhaltungen in der gescheiterten Ehe zu einer gründlichen, selbstkritischen Aufarbeitung und Neuorientierung gekommen ist, oder ob die Wurzeln des gefällten Baumes noch so kräftig und lebendig sind, dass sie den Wurzeltrieb eines neuen viel zu stark beeinträchtigen würden.

In jedem einzelnen Fall tragen der Seelsorger und die jeweilige Gemeindeleitung in einem solchen klärenden Beratungsprozess eine Last der Verantwortung, um die man sie schwerlich beneiden kann, – und zwar nicht nur, wenn sie am Ende einer Scheidung oder der Wiederheirat eines Geschiedenen zustimmen, sondern ebenso dann, wenn sie meinen, einer solchen *nicht* zustimmen zu dürfen! Von den Aussagen des Neuen Testaments her steht (nach einem ebenso treffenden wie anschaulichen Bildwort Gerhard Hörsters) die Ampel im Blick auf die Wiederheirat Geschiedener nicht einfach auf Rot, aber auch nicht auf Grün, sondern auf Rot-Gelb. *Ziel* christlicher Eheseelsorge muss es in jedem einzelnen Fall sein, den am ursprünglichen Schöpferwillen Gottes gescheiterten Menschen nach seinen leidvollen Erfahrungen nicht etwa noch tiefer zu Boden zu drücken und womöglich auch noch vonseiten seiner Gemeinde zu diskriminieren und »fertig zu machen«, sondern ihn vom Evangelium her aufzurichten, damit er wieder heilvoll leben kann – *vor* Gott und *mit* Gott!

Dass die leitende Intention christlicher Eheseelsorge auf eben *dieses Ziel* gerichtet sein muss, schreibt ihr auch Paulus ins Stammbuch, wenn er seine vorausgehenden ethischen Anweisungen zum Thema mit dem Grundsatz fundamentiert und interpretiert: *»Zu einem Leben in Frieden hat euch Gott berufen.«* (1. Korinther 7,15b). Der Begriff Frieden steht von seiner hebräisch alttestamentlichen Bedeutung her für »Schalom«, für Leben in heilen Beziehungen! Dieser Schalom kann – wenigstens annäherungsweise – in besonderen Fällen bisweilen nur durch eine Scheidung und bei Geschiedenen unter Umständen nur auf dem Wege einer Wiederheirat eröffnet werden. *»Schalom, Leben in heilvollen, Leben ermöglichenden und fördernden Beziehungen«* heißt mithin das übergeordnete biblische Kriterium und Leitmotiv christlicher Ehe-Seelsorge, von dem her alle übrigen biblischen Einzelanweisungen zum Thema ihre Geltung und Platzanweisung bekommen. Ihm sind sie ein- bzw. unterzuordnen, auf dieses Ziel hin müssen sie ausgerichtet und von ihm her normiert werden, – so wahr uns alle Ge- und Verbote Gottes um solchen *Lebens* willen gegeben sind. Jesus selbst hat dafür ein wegweisendes Beispiel gegeben: er hat das damals gültige religiöse Eherecht *so* angewandt, dass es für die Ehebrecherin zur Eröffnung einer neuen Lebensmöglichkeit führte (Johannes 8,3-11). Auch von David berichtet die Bibel (2. Samuel 11f.), dass er über seinem mit Batseba begangenen Ehebruch Buße tat und sein ehebrecherisches Verhältnis mit ihr legal ordnete. Gott beschenkte beide daraufhin mit Salomo, ihrem gemeinsamen Sohn, und machte alle drei zum Teil seiner Heilsgeschichte (vgl. Matthäus 1,6)!

# 4. Seelsorgliche Fragen als Entscheidungshilfen für den Einzelfall

Die Wiederheirat Geschiedener in bestimmten (Not)Fällen als eigentlich »unmögliche Möglichkeit« – zu *tolerieren*, darf nun freilich christliche Gemeinden nicht dazu verführen, die Wiederheirat Geschiedener *überhaupt* zu sanktionieren. In jedem einzelnen Fall muss die christliche Ehe-Seelsorge daher sorgfältig prüfen, wie sie Außenstehenden gegenüber deutlich machen kann, dass die Wiederheirat Geschiedener innerhalb der christlichen Gemeinde niemals eine *allgemein legitime, »normale«*, in *jedem* Fall offenstehende Möglichkeit sein kann. Aus geistlicher Verantwortung für diese Außenstehenden muss sie zu verhindern suchen, dass von einer Eheschließung Geschiedener eine falsche, nämlich geistlich irreführende, Signalwirkung auf Dritte ausgeht. – Ein umgekehrtes, die generelle *Bedenklichkeit* einer solchen Heirat wahrendes und zum Ausdruck bringendes Signal kann es hingegen zum Beispiel unter Umständen sein, wenn sich eine Gemeindeleitung im Einvernehmen mit dem zur Wiederheirat entschlossenen Paar dafür entscheidet, dessen kirchliche Trauung *nicht öffentlich* abzuhalten. Eine ähnliche, überdies der Glaubwürdigkeit der Betroffenen wie der des gemeindlichen Trauaktes dienende Signalwirkung kann auch der Verzicht der Wiederheiratenden auf ein erneutes Treuegelöbnis bei ihrer (öffentlich abgehaltenen) kirchlichen Trauung ausüben. Man stelle sich nur vor: Bräutigam und Braut versprechen sich coram publico vor dem Altar gegenseitig die Treue »bis dass der Tod uns scheidet«, und in der anwesenden Gemeinde sagt man hinter vorgehaltener Hand: »Das hat er, das hat sie doch *schon einmal* feierlich gelobt!« Eine Gemeindeleitung ist daher gehalten, im Einvernehmen mit dem betreffenden Paar darauf zu achten, dass Ansehen und Glaubwürdigkeit des gottesdienstlichen Trauaktes durch eine kirchliche Wiederheirat keinen Schaden nehmen, zur Farce verkommen! Entscheidend ist im Einzelfall nicht, *auf welche Weise,* sondern *dass* der theologischen und gemeindlichen Brisanz einer Wiederheirat Geschiedener bei der kirchlichen Trauung Rechnung getragen wird! In jedem Falle bedarf es dazu in dem vorangehenden Traugespräch aufseiten des gemeindlichen Ehe-Seelsorgers viel Mut, Einfühlungsvermögen und *Takt*, – insbesondere auch deshalb, weil in einem solchen Gespräch der Umstand nicht ausgeklammert werden darf, dass die vorausgegangene Ehescheidung in Gottes Augen Schuld ist, die seiner Vergebung bedarf (vgl. Johannes 8,3-11). Vom Evangelium Jesu her wird christliche Ehe-Seelsorge weiter deutlich zu machen haben, dass Gottes Vergebung niemals eine einklagbare Selbstverständlichkeit, sondern je neu ein *unverdientes Wunder*, – Aufhebung der Schuld, aber nicht ohne weiteres auch eine Aufhebung der *Folgen* dieser Schuld und auf keinen Fall eine Aufhebung der Vergangenheit und der aus ihr resultierenden Verpflichtungen ist!

Aus der Fülle dessen, was ein Ehe-Seelsorger darüber hinaus in einem solchen Fall bedenken und in seelsorglichen Gesprächen zur Sprache bringen sollte, seien zum Schluss einige elementare Fragen aufgelistet, über deren Beantwortung er im betenden Nachdenken mit Gott und den Betreffenden ins Einvernehmen zu kommen versuchen muss. In dem Maße, wie ihm das in einer guten und überzeugenden Weise gelingt, wird er seine etwaige Option für oder gegen eine Wiederheirat Gott, dem betreffenden Paar und seiner Gemeinde gegenüber mit einem auf die Bibel gegründeten guten Gewissen und frohen Herzen verantworten können.

– Wie trägt der zur Wiederheirat Entschlossene der biblischen Einsicht Rechnung, dass die Ehe als Schöpfungsordnung Gottes unauflöslich ist, dass seine erste Ehe also ungeachtet ihrer juristisch vollzogenen Scheidung im schöpfungstheologischen Sinne fortbesteht? Ignoriert er diesen von der Bibel bezeugten Tatbestand oder versucht er ihm in einer verantwortungsbewussten Weise zu entsprechen? Wie versucht er seinen aus seiner ersten

Ehe erwachsenen bleibenden *Verpflichtungen* gerecht zu werden: seinem einstigen Gelöbnis lebenslanger Treue seinem früheren Ehepartner gegenüber und Verpflichtungen gegenüber seinen etwaigen Kindern aus erster Ehe?

– Hat der Betreffende seine innerhalb seiner früheren Ehe und die durch deren Zerbruch entstandene Schuld Gott und seinem geschiedenen Partner gegenüber eingestanden, aufgearbeitet und nach seinen Möglichkeiten zu bereinigen versucht? Hat der Geschiedene seinerseits seinem früheren Ehepartner verziehen?

– Ist er sich der theologisch-geistlichen Brisanz und Bedenklichkeit seines Entschlusses zur Wiederheirat bewusst? Wie geht er als Christ mit der Aussage Jesu um, dass die Wiederheirat nach einer Ehescheidung Ehebruch (Markus 10,11) und damit gegenüber Gottes Schöpfungsordnung Sünde ist?

– Wie kann die christliche Ehe-Seelsorge angesichts der Antworten auf diese Fragen dem Zeugnis des Neuen Testamentes auf verantwortliche Weise Rechnung tragen, dass Jesus der »großen Sünderin« gegenüber *barmherzig* war, ihre Schuld vergab, aber dadurch mitnichten sanktionierte? Wie kann sie in Anschlag bringen, dass Jesus dem Schutz und der Erhaltung des Lebens Vorrang gab vor der strengen Einhaltung des Buchstabens des Gesetzes und daheraus in Form jener Ausnahmeklausel (Matthäus 19,9) der faktischen Wirklichkeit unserer gefallenen Welt Rechnung trug? Wie vor allem kann im konkreten Fall zur Geltung gebracht werden, dass es Jesus jederzeit leidenschaftlich um die *Erfüllung des Willens Gottes* (Johannes 5,30) ging und geht – und *in* der Erfüllung dieses Willens um die Ermöglichung *heilvollen, gelingenden Lebens für den betreffenden Menschen?*

– Wie schließlich kann innerhalb einer etwaigen öffentlichen kirchlichen Wiedertrauung die Spannung zwischen Gottes ursprünglichem Schöpferwillen einerseits und der Barmherzigkeit und Vergebungsbereitschaft Jesu Christi gegenüber an diesem Schöpferwillen gescheiterten Menschen andererseits vor Gott und der Gemeinde so zum Ausdruck gebracht werden,

– dass erstens die geistliche Brisanz und Bedenklichkeit einer Wiederheirat Geschiedener als einer aus biblischer Sicht eigentlich *unmöglichen Möglichkeit* deutlich wird?,

– und dass zweitens der betroffenen Person eine neue Lebensmöglichkeit eröffnet wird, ohne sie zu diskriminieren und ohne ihre aus der Vergangenheit erwachsene Schuld zu ignorieren oder sanktionieren?

Dieser Katalog von Fragen mag auf den ersten Blick erdrückend wirken, doch der Weg zu einer biblisch verantwortbaren, auf die Eröffnung eines heilvollen Neubeginns für die Betreffenden abzielenden Entscheidung in puncto Wiederheirat Geschiedener führt an diesen Fragen nicht vorbei. Die Suche nach überzeugenden Antworten auf sie wird allen damit Befassten deutlich machen, wie schwierig eine solche Entscheidungsfindung im konkreten Einzelfall sein kann und dass es dabei der uns verheißenen und von uns je neu zu erbittenden Führung durch den Heiligen Geist bedarf (vgl. Jakobus 1,5 und Kapitel 4 dieses Buches). Wo sich die Beteiligten eben dieser Führung öffnen, werden sie erfahren, dass solches Fragen nicht nur weh tut, sondern um ihres künftigen Lebens willen *not tut*. Und: dass die Führung durch den Geist Jesu Christi nicht vom drohend erhobenen Zeigefinger bestimmt ist, sondern auch durch unwegsames Gelände hindurch den Weg in ein heilvolles Leben zeigt.

*Verwendete, weiterführende Literatur (in Auswahl):*

*Rosemarie und Hansjörg Bräumer:* Scheidung und Wiederheirat, Hänssler Verlag, Neuhausen/Stuttgart 1990;

*Helmut Burkhardt:* Ehe und Ehescheidung in christlicher Sicht, in: Theologische Beiträge, 26. Jahrgang, S. 35-49;

*Ron Durham:* EHE Sie sich scheiden lassen, Schulte & Gerth Verlag, Wetzlar 1995;

*Klaus Haacker:* Ehe und Ehescheidung – Konflikte und Krisen in der Bibel, in: Das Wort, das in Staunen setzt, verpflichtet. Dankesgabe für Jürgen Fangmeier, Brockhaus Verlag, Wuppertal 1994.

(Dankbar möchte der Autor an dieser Stelle vermerken, dass er zum Schreiben des voranstehenden Kapitels durch ein im September 1994 in der Freien evangelischen Gemeinde in Freiburg gehaltenes Referat von Dir. i. R. Gerhard Hörster DD, Halver, zum Thema mitinspiriert wurde. Gerhard Hörster war viele Jahre lang Direktor des Theologischen Seminares des Bundes Freier evangelischer Gemeinden in Ewersbach.)

# 7

# Angst – und die Frage, wie man seiner Ängste Herr werden kann

Herr Bundeskanzler, ich habe Angst« schrie vor einigen Jahren ein Friedensdemonstrant. »Ich auch« rief der damalige Kanzler ungeniert zurück.

»*Die Angst geht um*«, lautete kürzlich die Schlagzeile einer bekannten Wochenzeitschrift, und bereits jeder Zehnte in unserem Land hat laut Untersuchungen solche Angst, dass er mit ihr alleine nicht mehr fertig wird und sich ihretwegen psychotherapeutisch behandeln lässt oder behandeln lassen müsste. Angst erscheint als *die* Krankheit unserer Tage. Psychopharmaka sind die meistgekauften aller Arzneimittel heute. Allein in der Bundesrepublik werden Tag für Tag viele Lastkraftwagenladungen solcher Medikamente eingenommen – zur Bekämpfung von Ängsten und ihren Folgen: Nervosität, Unwohlsein oder Schlaflosigkeit. Eine Erhebung der Zeitschrift *Psychologie heute* ergab, dass überdurchschnittlich gebildete und wohlhabende Menschen *besonders* häufig unter Ängsten leiden – Frauen noch stärker als Männer.

Freilich gibt es *die Angst an sich* ebenso wenig, wie es *die* Liebe oder *das* Leiden gibt. Jeder erfährt Angst auf seine Weise. Ob es die Angst vor einer Krankheit, einer Prüfung oder einem Unglück ist, die Angst vor einer missglückenden Partnerschaft oder dem Alleinbleiben, die Angst, arbeitslos, von Mitmenschen enttäuscht oder verletzt zu werden, die Angst zu versagen oder sich zu blamieren, – jeder kennt auf *seine* Weise Angst, – Ängste, die oft nur schwer fassbar und häufig grundlos sind und doch zuweilen so rätselhaft und abgrundtief. Auch wenn sie nicht dauernd bewusst empfunden wird, ist Angst latent gleichsam immer gegenwärtig und kann jeden Augenblick ins Bewusstsein treten. Wie der Tod nicht aufhört dazusein, wenn wir nicht an ihn denken, so sind wir auch die Angst nicht schon dadurch los, dass wir ihr Dasein nicht realisieren. Mangelnde Konzentration oder Kreativität zum Beispiel, Nervosität, Depressivität oder Aggressivität, aber auch Magen-, Darm- und Drüsenprobleme können Auswirkungen tief verborgener Ängste sein. Angst macht nicht nur so manchen am Ende krank, sie macht auch ungezählte Menschen unsäglich *einsam*. Heimlich zernagt sie nach und nach alle Fäden, die einen Menschen mit seinen Mitmenschen verbinden. Die Angst verlangt von dem Ängstlichen eine immer übertriebenere Vorsicht, sie gebietet ihm Misstrauen und verbietet es ihm, sein Inneres einem anderen zu öffnen, sich ihm anzuvertrauen. Selbst Eheleute verbergen zuweilen tiefe Ängste voreinander, ohne miteinander darüber reden zu können. Angstbestimmte Menschen werden früher oder später zu einsamen Menschen. Auch Gott gegenüber fällt es ihnen mit der Zeit immer schwerer, Glauben und Vertrauen zu wagen. Ungezählte leiden insgeheim unter chronischen Angstgefühlen, die sie in ihrer Handlungsfähigkeit lähmen, ihr Denken blockieren, sie neurotisieren und schließlich lebensuntüchtig machen. Philosophen und Psychologen bezeichnen die Angst als das *Schlüsselproblem* des modernen Menschen. Der renommierte Psychotherapeut Reinhold Ruthe sieht in der Angst den *»Schlüssel zur gesamten Psychopathologie«* des Menschen, den Schlüssel zum Aufschluss sämtlicher seelischer Erkrankungen, Verhaltensstörungen und Komplexe!

Angst hat immer mit unserer Individualität, mit unserer persönlichen Entwicklungsgeschichte zu tun, und sie hat die Tendenz, unser Leben einzuengen und krank zu machen. Davon zu *unterscheiden* ist die normale, natürliche Schutzfunktion der Angst, die Psychologen als *Furcht* oder als »*Realangst*« (Sigmund Freud) bezeichnen. Furcht meint jenes uns angeborene, von Gott gegebene Warnsystem, ohne das wir in Gefahren leichtsinnig und am Ende nicht überleben würden. Wenn zum Beispiel jemand Angst davor hat, zu einem Rudel hungriger Haie ins Meer zu springen, dann bezeichnen wir das als natürliche, »gesunde« *Furcht*. Furcht hat im Unterschied zur Angst immer einen konkreten und bewussten Grund. Hingegen sprechen wir von *Angst*, wenn ein erwachsener Mensch beim Anblick einer Kellerassel in Panik gerät. Angst ist im Gegensatz zur Furcht nicht durch eine objektive, sondern durch eine nur subjektiv empfundene Bedrohung verursacht.

Im Folgenden soll nun nicht von der Furcht, jener positiven Schutz- und Warnfunktion der Angst, die Rede sein, sondern von der *negativen* Seite der Angst: von ganz persönlichen, individuellen Ängsten, die uns viel mehr zu schaffen machen, weil sie uns in unserer Persönlichkeit hemmen und einengen und dabei zuweilen so mächtig sind, dass sie unser ganzes Fühlen, Denken und Handeln bestimmen, ja lahmlegen können. Die nachstehende, als Grundlage unserer weiteren Überlegungen herangezogene *biblische Geschichte von den Mitarbeitern Jesu in Seenot* lässt entscheidende Schritte zum *Durchbruch* durch die Angst erkennen, Schritte heraus aus der Enge der Angst in den weiten Raum angstüberwindenden Vertrauens:

*»Und alsbald nötigte Jesus seine Mitarbeiter, in ihr Schiff zu steigen und ihm an das andere Ufer des Sees Genezareth vorauszufahren. Inzwischen wollte er die ihm zuhörende Menschen-*

menge entlassen. *Nachdem Jesus seine Zuhörer auf den Heimweg geschickt hatte, stieg er allein auf einen Berg, um zu beten. Jesu Mitarbeiter waren indessen im Schiff schon weit vom Land entfernt und kamen durch hohe Wellen in Seenot, denn sie hatten mächtigen Gegenwind. In der vierten Nachtwache kam Jesus auf den Wellen zu ihnen: Jesus ging über den See. Und als sie ihn sahen, erschraken sie und riefen: Es ist ein Gespenst! Und sie schrien vor Angst. Da rief Jesus ihnen zu: Seid getrost, ich bin's, habt keine Angst!*

*Petrus erwiderte darauf: Herr, wenn du es bist, dann befiehl mir, auf dem Wasser zu dir zu kommen. Und Jesus sprach: Komm! Da verließ Petrus das Schiff, trat auf das Wasser und ging auf Jesus zu. Als er aber den starken Wind sah, bekam er Angst und begann zu sinken. Und er schrie: Herr, hilf mir! Da streckte Jesus ihm alsbald seine Hand entgegen, ergriff ihn und sprach: Du Kleingläubiger, warum hast du gezweifelt? Und sie traten beide in das Schiff, und der Wind legte sich. Seine Mitarbeiter aber in dem Schiff fielen vor Jesus nieder und sprachen: Du bist wahrhaftig Gottes Sohn!«* (Matthäus 14,22-33)


# 1. Auch Christen
# haben Angst

Ist es zunächst nicht schon ungeheuer entlastend, dass die Bibel offen sagt, dass auch Menschen, die mit Jesus leben, Angst haben und Angst *haben dürfen?!* Wie gut, dass Jesus Angst nicht bagatellisiert, sondern ernst nimmt; dass er seinen Leuten klar sagt: »*In der Welt habt ihr Angst*« und sich zum *Anwalt* derer macht, denen ihr Leben in der Welt Angst macht: »*aber seid ge-*

*trost, ich habe die Welt überwunden!«* (Johannes 16,33). »Sie schrien vor Angst« berichtet der voranstehende Bibeltext von Jesu Anhängern, und Jesus kritisiert nicht, dass sie Angst haben. Jesus weiß: Ängste sind *nicht* einfach Anzeichen mangelnder christlicher Glaubensstärke! Jesus kennt sie ja aus seinem eigenem Erleben: Todesängste, die ihm in Gethsemane Blutschweiß auf die Stirn getrieben haben (Lukas 22,44; vgl. Hebräer 5,7). *Jesus ist der große Ermutiger zum Leben,* und darum ist er *der* große Gegner der Angst. Wie den Tod, so hat er am Kreuz auch die Angst erlitten, bekämpft und besiegt. Sein Evangelium ist eine einzige Kampfansage an die Angst und *die* große Hilfe in der Angst. Dabei ist für Jesus der ängstliche Mensch nicht weniger wertvoll als der starke; und er hat auch nie gesagt, dass Menschen ihre Ängste verstecken oder verdrängen sollen. Vor dem letzteren warnt uns auch die Tiefenpsychologie eindringlich durch den Nachweis, dass gerade das Verdrängen von angstbesetzten Empfindungen neurotische Ängste heraufbeschwört.

Und doch leben viele Christen – oft aufgrund einer überstreng religiösen, gesetzlichen Erziehung – in *dem Wahn, sich vor Gott angst- und fehlerfrei* geben zu müssen. Rachegedanken zum Beispiel, ungeistliche Wünsche oder unreine sexuelle Phantasien meinen sie als Christen gänzlich hinter sich gelassen haben zu müssen. Und weil sie nun fürchten, solche dennoch in ihnen aufsteigenden Regungen könnten böse Folgen haben, bekommen sie Angst vor diesen Empfindungen, verdrängen sie aus ihrem Bewusstsein und meinen, sie damit los zu sein. Aber *verdrängen ist nicht überwinden!* Mit Angst besetzte Schuldgefühle bleiben in diesem Verdrängungsprozess zurück, die unterbewusst neue Ängste schüren. Ein Teufelskreis: *Angst vor der Angst* entsteht, krankhafte Ängste, von denen die Betroffenen am Ende gar nicht mehr sagen können, woher sie kommen und wovor sie eigentlich Angst haben.

Schon *Paulus* sprach von solchen angstbesetzten Empfindungen, die in unserem Bewusstsein hochkommen, obwohl wir sie eigentlich gar nicht wollen. Und auch er *seufzt* im siebten Kapitel des Römerbriefes darunter! Aber es hat keinen Sinn, solche in uns *vorhandenen* Angst machenden Regungen nicht wahrhaben zu wollen. Wenn selbst Jesus Christus von Angst nicht frei war, dann müssen sich auch Christen ihrer Ängste nicht schämen. Auch Christen sind und bleiben *Menschen*, und Mensch sein heißt immer auch, Angst haben. Unsere Ängste überwinden wir nicht dadurch, dass wir sie leugnen, verdrängen oder ihre verborgene Herrschaft ergeben akzeptieren. Wie gut, dass Jesu Mitarbeiter ihre Ängste nicht verbergen, sondern sie in die Nacht hinaus zu *Jesus* schreien! Denn: Sie bekommen von Jesus *Antwort* auf ihr Schreien: *»Seid getrost, ich bin's, habt keine Angst!«*

Der *erste* Schritt aus der Angst besteht für Christen darin, dass sie ihre Angst nicht leugnen und verdrängen, sondern zunächst einmal annehmen *und offen vor Jesus aussprechen*. Die Bibel ermutigt uns dazu, zunächst ehrlich zu unserer Angst zu stehen, aber mit ihr dann nicht alleine zu bleiben, sondern alle unsere Angstgedanken im Gebet an Jesus abzugeben: *»Werft alle eure Sorgen* (und Angstgefühle) *auf ihn, denn er sorgt für euch!«* (1. Petrus 5,7). Ein bekanntes Lied von Paul Gerhardt gibt uns den guten Rat: *»Befiehl du deine Wege und was dein Herze kränkt der allertreusten Pflege des, der den Himmel lenkt. Der Wolken, Luft und Winden gibt Wege, Lauf und Bahn, der wird auch Wege finden, da dein Fuß gehen kann!«* Die Mut machende Aussage dieses Liedverses ist durch eine ausdrückliche biblische Zusage verbürgt: *»Befiehl dem Herrn deine Wege und hoffe auf ihn, er wird es gut machen«* (Psalm 37,5).

## 2. Die Angst machende Situation im Lichte der Zusagen Jesu sehen lernen

Diesem ersten muss ein zweiter Schritt folgen: *Eine Neuein-schätzung der Angst machenden Situation im Licht der Zu-sagen Jesu.* Doch rekapitulieren wir zunächst, was in der voran-stehenden biblischen Geschichte geschieht:

Während er selbst gegen Abend auf einen Berg steigt, um zu beten, fordert Jesus seine Begleiter auf, ihm an das andere Ufer des Sees vorauszufahren. Auf seine Anweisung hin fahren sie los und geraten dann binnen weniger Stunden in eine lebensbe-drohliche Seenot. Sie rudern um ihr Leben in dem kleinen Boot, kämpfen mit der übermächtigen See, und da ist kein Stern, der leuchtet im nächtlichen Dunkel. Mutterseelenallein sind sie im tobenden Sturm. – Aber wie tröstlich, wie wunderbar, dass Jesus *sieht*, wie seine Leute in den Wellen kämpfen, und dass er sie nie aus den Augen verliert! Wenn *sie ihn* nicht mehr sehen und fin-den in irgendeinem Dunkel ihres Lebens, sieht und findet *er sie*!

Man stelle sich einmal vor, welch ein *Bild*: Während die Jün-ger hier unten ringen mit der *See*, ringt Jesus dort oben im Gebet für *sie*! Welch eine Gewissheit, dass da auch heute *einer ist*, der unsere Probleme und Ängste mitkriegt und vor Gott im Gebet steht für uns alle! Wie gut zu wissen, dass da *einer ist*, der nie auf-hört, unsere kalte, fühllose Hand in die Hände des göttlichen Va-ters zu legen, wenn wir die Verbindung zu Gott verloren haben. Wie gut, dass Jesus dann nie zu spät kommt, dass er uns rechtzei-tig zu Hilfe eilt und auch durch Wellen, Sturm und dunkelste Nacht hindurch immer einen Weg zu seinen Leuten findet! An der Verlässlichkeit der Fürbitte und Hilfe Jesu *hat sich bis heute nichts geändert* (vgl. Matthäus 28,20b; Hebräer 7,25; 9,24; 4,16)!

Da befinden sich die Mitarbeiter Jesu im Dunkel der Nacht in lebensbedrohlicher Seenot. Aber haben wir bemerkt, dass unser Bibeltext *nicht* sagt, dass sie sich vor dieser *objektiven Bedrohung* durch die tobenden Naturgewalten fürchten, sondern dass sie Angst haben vor einem angeblichen *Gespenst*? Zum besseren Verständnis dieses Umstandes hilft es, sich klarzumachen, dass Angst immer auch mit unserer *individuellen Entwicklungsgeschichte* bzw. mit unserer persönlichen, eigentümlichen *Sichtweise* der Dinge zu tun hat:

Jeder hat sich im Laufe seines Lebens seine eigene subjektive Brille zurechtgebastelt. Kein Mensch nimmt die Wirklichkeit völlig objektiv wahr, jeder sieht die Dinge durch die Brille seiner persönlichen Erfahrungen. In der Psychologie spricht man von einem »kognitiven Filter«, durch den jeder Einzelne seine Umwelt »gefiltert« wahrnimmt. Und aus dieser *subjektiven, selektiven Sicht* der Dinge folgt, dass jeder auch seine eigenen Ängste entwickelt! Da wird zum Beispiel jemand von einem Hund gebissen und stuft nun allzu leicht *jeden* Hund als *gefährlich* ein. Oder: Eine junge Frau lässt sich auf eine tiefe Beziehung zu einem Mann ein und wird von diesem bitter enttäuscht. Fortan ist sie dem anderen Geschlecht gegenüber unter Umständen so negativ eingestellt, dass sie für ein ehrliches Kompliment eines anderen Mannes gar kein Ohr mehr hat und nun in dem Vorurteil lebt, generell für Männer nicht begehrenswert zu sein. Es gibt Menschen, die erleben den *negativen* Teil einer Erfahrung so prägend, dass sie blind werden für die *positiven* Aspekte, die in den meisten unangenehmen Erfahrungen ja *auch* enthalten sind. Ihre Schwächen und Fehler sehen sie gewissermaßen stets durch ein Vergrößerungsglas, ihre Stärken und Erfolge blenden sie dauernd ab. Sie *fühlen* sich schwach und unattraktiv und halten diese Gefühle für *Beweise* dafür, dass sie schwach und unattraktiv *sind*. Unbewusst entwickeln viele Menschen dann diese negative, verzerrte Selbstsicht zu einer negativ gepolten Lebenshaltung, nehmen dem Leben gegenüber eine pessimistisch schwarzseherische Grundeinstellung ein: schon kleinste Probleme scheinen ihnen unüberwindlich; in allem, was ihnen begegnet, sehen sie Bedrohliches, reagieren auf neue Herausforderungen vor allem mit Angst.

Unverarbeitete negative Erfahrungen konditionieren negative Denkgewohnheiten und angstbesetzte Vorurteile. Auch Sorgen, Neid und Bitterkeit beeinträchtigen die objektive, realistische Einschätzung einer Situation. So sind angstbesetzte Menschen am Ende nicht mehr in der Lage, den Dingen unbekümmert und hoffnungsvoll zu begegnen. Geradezu tragisch kann sich dieses negative Denken auf das Leben solcher Menschen durch seine schlimmen *Folgen* auswirken, denn solche Gedanken untergraben unser Selbstvertrauen, fördern die Schwarzseherei und lähmen unsere Entscheidungskraft. Wer sich zum Beispiel selbst als schüchtern und verklemmt einschätzt, *gibt* sich allzu leicht auch so! Wer sich Herausforderungen gegenüber immer als zu schwach einstuft, *macht* sich auf Dauer zu einem Schwächling. Unsere Gedanken bestimmen unser Tun und damit unser Sein und Werden mit, sie programmieren unsere Zukunft. *Uns geschieht nach unserem Glauben*, sagt Jesus (Matthäus 9,29)! Darum ist es von großer Bedeutung für unsere Zukunft, wovon unsere Zukunfts-*Erwartung* bestimmt ist: ob wir sie im Lichte getrosten Gottvertrauens, erwartungsfroher Hoffnung oder durch die dunklen Gläser der Angst sehen. »*Werft euer Gottvertrauen nicht weg, denn es wird eine große Belohnung empfangen!*« (Hebräer 10,35).

Richten wir vor dem Hintergrund dieser Überlegungen unser Augenmerk nun auf die in der voranstehenden Geschichte geschilderte Angst der Begleiter Jesu:

Ihm ans andere Ufer »*voraus*zufahren« hatte Jesus sie geheißen, und darin steckte doch indirekt die Zusage: Ich will, dass ihr am anderen Ufer *ankommt.* Ich komme auf jeden Fall *nach,* werde auf irgendeine Weise bald wieder zu euch stoßen und bei euch sein. – Und dann kam ein Sturm auf, und Jesus war nicht da. Angst machte sich breit und bestimmte die Erwartung der Jünger: Nicht im Licht der Zusage Jesu, sondern durch die Brille der Angst sahen sie nun das, was ihnen begegnete, und zwar so verzerrt, schwarz und wirklichkeitsfern, dass sie mit allem möglichen Unheil rechneten, nur nicht mit Jesus, – ja, dass sie selbst, als er *vor* ihnen stand, nicht Jesus, sondern ein Gespenst zu sehen meinten! – Freilich: Der Glaube an Gespenster scheint uns heute ferner zu liegen, als den Menschen damals. Und doch: hüten wir uns, von oben auf Jesu Mitarbeiter herabzusehen. Wie viele auch unserer Ängste und Sorgen erweisen sich mit der Zeit als völlig unbegründet, weil das Befürchtete nicht eintritt? – gewiss *mehr als fünfundneunzig Prozent!* Wähnen nicht auch wir Jesus in unseren Ängsten fern ab und weit weg?! Und doch ist Jesus auch heute gewiss dort, wo wir ihn in der Angst gerade *nicht* vermuten: *bei uns,* mitten in der Nacht, mitten im Gegenwind, mitten im Kampf gegen das, was uns bedroht!

Die Angst der Begleiter Jesu vor einem Gespenst entstand durch ihre *subjektiv verzerrte Sicht der Wirklichkeit:* durch eine Erwartung, die nicht durch Jesu Zusage, sondern durch Unheilsbefürchtungen bestimmt war. – So oder ähnlich kann man die Entstehung dieser Angst jedenfalls psychologisch *erklären.* Aber nicht wahr, damit ist sie noch nicht *überwunden*?! – Was aber führt die Mitarbeiter Jesu *heraus* aus ihrer Angst? Was verhilft ihnen und uns heute, die Dinge zu sehen, wie sie wirklich sind? »*Seid getrost, ich bin's!*«, ruft Jesus in die Angst seiner Leute, und dieses *sein Wort* rückt ihre Sichtweise zurecht und nimmt ihnen ihre Angst!

*Wo Jesus sein »ich bin's« in unser Leben ruft, da weicht die Angst.* Warum? Weil Jesus da, wo er zu uns *spricht,* nicht nur bei und für uns gegenwärtig ist, sondern uns seine Gegenwart durch sein Wort *aufhellt.* Wo Jesus uns seine Gegenwart so erfahren lässt, dass wir gewiss sind: *Er* ist es, der zu mir spricht!, *da vertreibt die Nähe Jesu unsere Angst.* Wovor sollten wir denn noch Angst haben, wenn wir den bei uns und für uns wissen, dem selbst Sturm und Wellen zu Diensten stehen! Was sollte uns noch Angst machen können, wenn unser angstgetrübtes Auge mit einem Male die Wirklichkeit sieht, wie sie ist: *umgriffen von der Allmacht dessen, der alles, alles, alles bestimmt, regiert und wenden kann?!* Wo er durch sein Gotteswort den Schleier des Angst machenden Augenscheins von unserem getrübten Blick abzieht, wo uns der Durchblick auf den *Herrn* aller Wirklichkeit gewährt wird, *da ist uns in unserer Angst geholfen!* Wie sollte der, der unsere *Wirk*lichkeit *wirkt* und »*trägt durch das Wort seiner Macht«* (Hebräer 1,3; Kolosser 1,17), nicht durch dieses sein Wort auch alles wenden und *wirk*-lich zu unserem Besten dienen lassen können (Römer 8,28)! Das Hören, Lesen, Bedenken und Befolgen des Wirklichkeit wirkenden und verändernden Wortes Gottes (Römer 4,17b) hilft uns, unsere Situation und Welt im Lichte seines Wirkens zu erkennen: als eine *von ihm bestimmte* Wirklichkeit, in der uns ohne den Willen unseres göttlichen Vaters im Himmel nicht einmal ein Haar von unserem Haupte fallen kann (vgl. Matthäus 10,30). *In der im Hören seiner Stimme erlebten Nähe Jesu muss die Angst weichen!* – Gewiss haben Christen solche Erfahrungen der aufgehellten Gegenwart Jesu nicht jede Woche. Aber: wo wir auf sein Wort hin vom Ufer ablegen, sind uns diese Erfahrungen immer neu *verheißen* (vgl. Johannes 7,17), da sollen und werden wir immer neu *erleben, dass Jesus plötzlich mitten in den Angst machenden Wellen unseres Lebens dasteht!* Und eben diese Erfahrungen der Wirklichkeit und Nähe Jesu werden – je öfter, desto mehr – positiv unser Leben prägen, uns in künftigen Schwierigkeiten getroster und zuversichtlicher machen.

### 3. Lernen, der Angst unser Vertrauen zu verweigern

Wichtig zu beachten ist in diesem Zusammenhang folgende Beobachtung: Als Jesus sich seinen Begleitern zu erkennen gibt: *»Seid getrost, ich bin's, habt keine Angst!«*, da ist der Sturm nicht etwa schon in einem Nu vorüber. Nein, die aufgepeitschten Wellen sind weiterhin genauso hoch wie zuvor. Jesu Nähe vertreibt nicht automatisch die *Not*, aber sie vertreibt die *Angst* in der Not! Mehr noch: *Sie befähigt zuvor ängstliche Menschen, inmitten der Bedrohung schier Unmögliches zu tun!* Petrus, der eben noch mit den anderen geschrien hat vor Angst, verlässt auf Jesu Wort hin das Schiff und tritt auf die schäumende, über vierzig Meter tiefe See! – Ängste machen mutlos, sie lähmen uns und treten vor allem da auf, wo wir in eine Situation geraten, der wir nicht oder noch nicht gewachsen sind. Unser natürlicher Reife- und Individuationsprozess ist daher immer wieder von Angst begleitet, er konfrontiert uns immer neu mit Neuem, bisher Unbekanntem. Jede neue Entwicklungsphase in unserem Leben bringt es mit sich, dass wir irgendetwas zum ersten Mal erleben oder wagen müssen. Jeder Reifungsschritt bringt daher auch seine spezifischen Ängste mit sich, die gemeistert werden müssen, wenn der Schritt zur Reife gelingen soll. Ängste sind daher immer auch *Lebensprüfungen*, in denen wir lernen sollen und können, »*der Angst unser Vertrauen zu verweigern*« (Gerhard Ruhbach) und im Vertrauen auf Jesus mutige Schritte zu tun. Sie sind Herausforderungen, großartige Chancen zu reifen, über unsere bisherigen Grenzen hinauszuwachsen, wenn wir in ihnen lernen, unsere Lage im Licht der Zusagen Jesu *realistischer, hoffnungsvoller* einzuschätzen und dann im Vertrauen auf diese Zusagen *Schritte gegen die Angst* zu wagen. Wenn Jesus zu uns sagt: Ich bin's, der in den Wellen vor dir steht!, dann sagt er auch: Komm zu mir! Und auf seine Aufforderung hin *können* wir, was wir zuvor *nicht* konnten. Er selbst befähigt uns durch sein Wort, Schritte zu tun, unglaubliche, ungeheuer mutige Schritte, – Schritte über unser begrenztes Können hinaus, Schritte gegen unsere eigene Angst, Schritte im Namen und in der Kraft dessen, vor dem jede Angst sich fürchten muss!

Ängste sind weder einfach von Gott geschickt, noch sind sie ein unentrinnbares Schicksal. Angst ist, – das hat auch die Verhaltenspsychologie herausgearbeitet –, ein im Laufe unserer Biographie eingeübtes, *gelerntes* Verhalten, das man – zumindest in einem gewissen Maße – wieder *um*lernen und sich abtrainieren kann. Es kann als ein offenes Geheimnis gelten, dass wir zuweilen Hemmungen und Ängste *erst dann nachhaltig überwinden*, wenn wir in das, was uns Angst macht, *aktiv und offensiv hineingehen. Deshalb* ist es so wichtig, dass Petrus das Schiff verlässt!

Fallschirmspringen zum Beispiel lernt ein Springer nur, indem er *gegen seine eigene Angst anspringt* und so mit der Zeit die immer gewissere Erfahrung macht, dass der Schirm tatsächlich hält und trägt. Damit stimmt überein, dass Jesus seine Mitarbeiter nicht nur in dieser einen Geschichte, sondern *mehrfach, wiederholt,* auf die stürmische See geschickt hat. Sie sollten gegen ihre Angst »anspringen« lernen, durch wiederholte eigene persönliche Erfahrungen zu der Gewissheit kommen, dass Jesus sie in *jedem* Sturm, in *jeder* zukünftigen Lebenslage bewahren will und wird!

Ob es uns gelingt, uns Angst machende Probleme zu meistern, hängt in fast allen Lebenslagen entscheidend mit davon ab, *wohin* wir bei unserem Tun *schauen* und worauf wir uns *verlassen!* Schritte gegen die Angst können uns zu glaubensstärkenden Gipfelerlebnissen führen, wenn wir dabei nur nicht auf die bedrohlichen Wellen, sondern auf Jesus schauen. Dieser *Blickwechsel des Glaubens* (Hebräer 12,2) weg von dem, was uns Angst macht, hin auf Jesus und seine Zusagen, ist ein *Lernprozess,* der immer neu geübt und immer tiefer eingeübt werden will. Angst ist ein seelischer Zustand, der einem von Angst geprägten *Denken* entspringt! Es ist daher von größter Bedeutung, dass wir negative, pessimistische, glaubenslose Gedanken als *negativ erkennen* und ihnen positive, von Vertrauen, Hoffnung und Zuversicht geprägte Zusagen Gottes *entgegenstellen.* Psychologen sprechen in diesem Zusammenhang von »Gegenkonditionierung«. Wer Gottes mutmachenden und verlässlichen Verheißungen Raum in seinem Denken einräumt, wer sie verinnerlicht und ihnen zu trauen wagt, kann seiner ihm Angst machenden Gedanken Schritt für Schritt *Herr* werden! Deshalb kommt es darauf an, dass wir unser angstgeprägtes Denken durch Gottes Wort *erneuern* lassen, indem wir in unsere Gedankenwelt immer wieder neu ermutigende Bibelworte einspeisen, wie zum Beispiel: *»Der Herr ist mein Licht und meine Hilfe, vor wem sollte ich mich ängstigen?!«* (Psalm 27,1); oder: *»Ich vermag alles – durch den, der mir die Kraft dazu gibt: Christus!«* (Philipper 4,13); oder: *»Auch im finsteren Tal des Todes fürchte ich kein Unglück, denn du bist bei mir!«* (Psalm 23,4). Auf diese Weise werden wir erfahren, dass wir durch Gottes Zusagen Mut gewinnen, der Angst das Vertrauen zu verweigern, Schritt für Schritt Ängste und Hemmungen, unter denen wir leiden, zu überwinden. Niemand muss seiner Angst einfach ausgeliefert bleiben. Wer mit seinem Glauben an Jesus Christus Ernst macht, soll und wird erfahren, dass Jesu Zusagen inmitten der Wellen *tragen*, – solange er nicht auf die Wellen, sondern auf Jesus schaut. Und: dass Jesus seine Leute auch dann nicht untergehen lässt, wenn sie dabei – wie Petrus – wieder einmal in ängstliche Zweifel zurückfallen! Wir tun darum gut daran, im Vertrauen auf Gottes Zusagen ein nicht angstbestimmtes, sondern *verheißungsbezogenes* Denken einzuüben, seine Verheißungen immer wieder neu unseren Angstempfindungen entgegenzustellen und überzuordnen.

## 4. Angst
## überwindende Liebe

All die vorangehend genannten Schritte gegen die Angst beruhen auf einer entscheidenden biblisch-theologischen Voraussetzung, die einem verbreiteten Missverständnis entgegensteht: Das Überraschende und Einzigartige der biblischen Aussagen über die Angst und ihre Überwindung liegt darin, dass die Bibel als das *Gegenteil* der Angst nicht den Mut, sondern die *Liebe* ansieht. »*In der Liebe gibt es keine Angst, sondern die Liebe treibt die Angst aus!*« (1. Johannes 4,17f.). Hinter dieser Aussage steht die Einsicht, dass Tapferkeit und Mut letzten Endes nur verdrängte oder überwundene *Ängste* sind, – *vorübergehend* überwundene Angst. Nicht sein Mut bewahrt Petrus vor dem Ertrinken, – der verlässt ihn sehr bald, und Petrus beginnt zu sinken!, sondern die Erfahrung, dass *Jesus* in der Gefahr *bei* ihm steht und dass er von ihm über dem Abgrund *gehalten* ist.

Eine kleine, aber bedeutsame Beobachtung aus dem Bereich

der Kindererziehung mag dies illustrieren: Wenn unser vierjähriger Sohn im Dunkel der Nacht aus dem Schlaf erwacht und vor Angst nach uns Eltern schreit, können wir auf zweierlei Weise darauf reagieren: wir können das ihm Angst machende Dunkel durch das Einschalten des Lichtes vertreiben und unseren Kleinen dann wieder in seinem Zimmer zurücklassen. Er wird dann alsbald wieder einschlafen, denn nun wäre das ihm bedrohlich erscheinende Dunkel ja *beseitigt.* Wir können aber ebenso das Licht im Kinderzimmer ausgeschaltet lassen, *bei* dem Jungen bleiben und ihn durch unsere ihm seine Angst vertreibende *Nähe* zum Wiedereinschlafen bringen. Auf diese Weise wird er nicht *vor* der Angst bewahrt, sondern lernt, seinen Eltern *in* der Angst zu *vertrauen* und sie aufgrund dieses Vertrauens nach und nach zu *überwinden!*

Im Letzten wurzelt die Angst in unserm Leben immer auch in einem mangelnden – aber auch nicht einfach aus uns heraus zu produzierenden! – Vertrauen auf die Nähe und Liebe des allmächtigen *Herrn* unseres Lebens, das es uns schwer macht, diesen wirklich zu *lieben.* Mit »Liebe« meint die Bibel entsprechend in diesem Zusammenhang eine feste, durch persönliche Erfahrungen gewonnene Vertrauensbeziehung zu Jesus. *Wer erfährt und immer wieder erfährt, dass er von dem Herrn aller Herren mit Namen gekannt und geliebt ist, der verliert Stück für Stück an Angst* – nicht, weil es fortan nichts Angstmachendes mehr für ihn gäbe, sondern weil er real erlebt, dass die Liebe Jesu ihn in der Not und durch die Not hindurch hält und trägt. *Es gibt keine wirksamere und keine nachhaltigere Überwindung der Angst, als die immer neue Erfahrung, dass wir in der großen göttlichen Liebe Jesu tief und unendlich geborgen sind.* Vertrauen wir darauf, dass Jesus auch uns zuweilen *deshalb* Gegenwind schickt und zu Fahrten ans andere Ufer nötigt, weil er uns eben diese Erfahrung immer neu schenken will!

# 8

# Wenn Gebete
# ohne Antwort
# bleiben

*Neun Jahre haben wir nun um ein Kind gebetet«,* hält eine Frau ihrem Mann unter Tränen vor, *»und haben wir ein Kind bekommen? Nein! Mein Körper blieb unfruchtbar – trotz aller Gebete. Und das Einzige, was uns die Adoptionsagenturen seither gesagt haben, lautete: Wir haben leider nichts für Sie! Und jetzt, so kurz vor dem Ziel, wenige Stunden, bevor wir endlich ein Kind bekommen sollten, entschließt sich seine Mutter, es doch nicht zur Adoption freizugeben. Ich kann nicht mehr! Ich hasse diese Frau, – und Gott hasse ich auch! Was haben wir denn falsch gemacht? Warum hört Gott uns nicht? Was haben wir ihm denn getan? Waren unsere jahrelangen Gebete umsonst? Wie lange müssen wir denn NOCH beten?«*

Diese Frau steht mit ihren Zweifeln nicht allein; sie spricht Fragen aus, die unter denen, die beten, *viele* immer wieder tief bewegen, ja umtreiben; – Fragen, die an das Mark unseres Glaubens gehen *und ihn in Frage stellen!* Da betet eine junge Christin jahrelang um einen geeigneten »Partner für's Leben«; die Jahre vergehen, so manche Altersgenossen und -genossinnen ihres Bekanntenkreises laufen glücklich in den Hafen der Ehe ein, und *sie bleibt allein!* Ein anderer betet vielleicht inständig um einen

Arbeitsplatz, um die Heilung einer zerbrechenden Ehe oder um die Rückkehr eines ihm nahestehenden Freundes zum Glauben an Gott, – und es tut sich nichts, Gott rührt sich scheinbar nicht! Da kann auch der stärkste Glaube ins Wanken geraten, vom Zweifel nach und nach geradezu aufgesogen werden. Mancher ist in solcher Situation kaum noch in der Lage, etwas anderes zu sehen als nur dieses eine, das er – offenbar vergeblich – so sehr begehrt, und es drängt sich ihm der Eindruck auf: Gott kümmert sich nicht um mich, er kehrt mir seinen Rücken zu! Kaum etwas tut so weh wie das Gefühl, in einer existentiellen Notlage allein, im Stich gelassen, abgewiesen zu werden – *von Gott*! Wer so etwas erfährt, erfährt es nicht einfach nebenher; es verändert ihn, zehrt an ihm, reißt ihn ins Bodenlose. Eine bleierne, resignierte Müdigkeit droht sich durch solche Erfahrungen auszubreiten, die die Hände nicht mehr faltet, sondern sinken lässt, die Augen sich schließen lässt, ohne das Kreuz an der Wand noch anzusehen.

Wie kann der Glaubende damit umgehen, wenn Gott ihm auf ein brennendes Verlangen keine Antwort gibt, sein inständiges, dringlichstes Beten zu ignorieren, zu überhören, »abblitzen« zu lassen scheint? Ist damit unser Glaube an einen Gott, der uns hört, unser Vertrauen auf eine göttliche *Liebe, die mit sich reden lässt*, nicht widerlegt? Sind sogenannte Gebets*erhörungen* durch solche (zuweilen unendlich leidvollen!) Erfahrungen nicht als bloße Zufälle entlarvt? – Das Neue Testament berichtet von einer Frau, die eine solche Infragestellung ihres Glaubens geradezu exemplarisch erlebt und durchlebt hat, – eine Geschichte, die all denen helfen kann, die sich fragen, ob und warum ihre Gebete ohne Antwort bleiben:

*»Jesus überschritt die Landesgrenze in das Gebiet von Tyros und Sidon. Da lief ihm eine syrophönizische, heidnische Frau*

*aus dieser Gegend hinterher und schrie: Herr, du Sohn Davids,*
*erbarme dich meiner! Meine Tochter wird von einem bösen Geist,*
*einem Dämonen, schlimm gequält! Jesus aber antwortete ihr*
*KEIN WORT. Da drängten ihn seine Mitarbeiter: Mach doch,*
*dass du diese Frau los wirst, sie schreit uns fortwährend hinter-*
*her. Jesus aber antwortete: Ich bin nur gesandt zu den Verlore-*
*nen, die zum Volk Israel gehören.*

*Da kam die Frau noch näher, warf sich vor Jesus nieder und*
*bat: Herr, hilf mir! Jesus aber erwiderte ihr: Es ist nicht recht,*
*das Brot, das den Kindern gehört, den Hunden zu geben! Sie aber*
*sagte: Ja, Herr, – denn die Hunde bekommen nur von den Brot-*
*resten, die von dem Tisch ihrer Herren herabfallen. Da antworte-*
*te ihr Jesus: Frau, dein Glaube ist groß. Es soll dir geschehen,*
*wie du willst! Und von derselben Stunde an war ihre Tochter ge-*
*sund.* (Matthäus 15,21-28)

»Kyrie eleison« (»Herr, erbarme dich!«) bittet diese Frau, und
Jesus antwortet ihr kein Wort! Eine Frau, die erlebt, dass ihr inständiges Bitten von Jesus immer wieder abgewiesen wird! Und
doch – vom *Ende* her gelesen – eine Geschichte, die Betern im
Blick auf ihr Bitten ungeheure Hoffnung machen will – gerade
da, wo es allem Anschein nach trotz ihres Betens nichts mehr für
sie zu hoffen gibt. Eine *Frohbotschaft Gottes* an alle, die ihn anrufen, *wie sehr es sich auch in aussichtsloser Lage lohnt, Jesus*
*nie unser Vertrauen zu kündigen!*

Jesus selbst spricht hier von einem Glauben, der so groß ist,
dass er ihn dazu bewegt, bisher unerhörtes Bitten zu erfüllen!
Was ist das Geheimnis dieses Glaubens, dem es gelingt, Jesus
umzustimmen – so, dass er am Ende sagt: »*Dir geschehe, wie du*
*willst«?* Die voranstehende Geschichte gibt uns eine dreifache
Antwort auf diese Frage:

# 1. Glaube,
## der sich nicht
### beirren lässt

*D*er Glaube dieser syrophönizischen Frau lässt sich durch nichts und niemanden – partout nicht – davon abbringen, dass Jesus auch für IHRE Not da ist!

Schließt *unser* Glaube uns im Gegensatz dazu nicht allzu leicht aus dem Kreis derer, denen Jesus vermeintlich helfen kann und will, *aus*?! Wie mancher auf Erhörung wartende Beter hört von Gebetserhörungen *anderer,* ist beeindruckt von ihrem starken Glauben und schließt: *Mein* Gebet wird Jesus vermutlich *nicht* erhören, einen so starken Glauben habe ich nicht und werde ich wohl auch nie erreichen. – Als ob der mit einer Gebetserhörung verbundene Glaube, als ob der große Glaube dieser syrophönizischen Frau eine besondere religiöse Begabung oder eine von uns zu erbringende Leistung wäre! Es ist eine unbarmherzige, gefährliche, glaubens*zerstörerische* Theologie, die uns und anderen bei ausbleibender Gebetserhörung »mangelnden Glauben« diagnostiziert, als ob wir uns Gottes Eingehen auf unser Bitten durch eigene Glaubensstärke selbst *verdienen* müssten oder könnten. Wie vielmehr der Glaube *Gottes Gabe* ist (Epheser 2,8), so auch das im Glauben begründete und zur Erhörung führende Gebet! Wer das Ausbleiben der Erfüllung seiner Bittgebete als Beweis mangelnden Glaubens abtut, treibt sich selbst nicht nur in den Abgrund der Resignation, – was schon schlimm genug ist! –, sondern erliegt dem verhängnisvollen Missverständnis, wir könnten durch unseren Glauben, – wenn er nur stark genug ist –, eine ihn bestimmende, zwingende Macht über Gott erringen. Nicht, als ob der Glaube des Beters unbedeutend sei! Jesus fordert vielmehr ausdrücklich dazu auf, den uns geschenkten Glauben zu *wagen*, ihn aktiv in unser Beten einzubringen, nicht ungläubig, sondern gläubig zu beten: »*Alles, was ihr bittet im Gebet, glaubt nur, dass ihr es empfangt, so wird's euch zuteil werden!*« (Markus 11,24). Aber Jesus wehrt dem fatalen Missverständnis, als könnten wir uns die Erfüllung unserer Bitten durch eine Glaubensleistung *verdienen*, Gottes Erhörung durch ein hinreichendes Maß an Glauben *erzwingen*. In seinem Gleichnis vom bittenden Freund (Lukas 11,5–8) macht Jesus eindrucksvoll deutlich, dass Gott unser Bitten nicht etwa erhört, weil wir aufgrund von Glaubensanstrengungen ein Recht darauf hätten, sondern schlicht weil er unser *Freund* sein will und ist. Kennzeichen echter Freundschaft aber ist rückhaltloses, in der gegenseitigen Beziehung gewachsenes *Vertrauen*. Solches Vertrauen, das sich gute Freunde entgegenbringen, ist keine Vertrauens*leistung*, sondern natürlicher Ausdruck des Vertraut*seins* miteinander. Indem Jesus uns der Freundschaft Gottes versichert, möchte er uns solches Vertrauen zu Gott *abgewinnen*. Niemand muss und kann solches Vertrauen aus sich heraus produzieren; wagen sollen wir es immer neu – schlicht dadurch, dass wir beten, mit unseren Anliegen zu Gott gehen wie zu einem guten Freund. Jesus gebraucht daher die Worte »glauben« und »beten« zuweilen synonym (vgl. Markus 9): Wer Gott um etwas bittet, glaubt, vertraut ihm; und wer Gott glaubt, vertraut, vertraut ihm auch seine Wünsche und Anliegen an. Entsprechend besteht auch der »große Glaube« dieser syrophönizischen Frau zunächst ganz einfach darin, dass sie all ihre (gewiss vorhandenen!) Bedenken beiseite lässt und das Vertrauen wagt, mit dem, was sie bewegt, zu Jesus zu gehen.

Nicht auf seine Stärke und Vollkommenheit kommt es also bei dem mit der Erhörung von Gebeten verbundenen Glauben an, sondern – wie entlastend und mutmachend! – einfach auf das

*Vertrauen, Jesus mein Anliegen anzuvertrauen;* nicht darauf, dass dieser Glaube von allen Selbstzweifeln frei und von seiner Kraft überzeugt ist, sondern darauf, dass er *Jesus* viel zutraut. *»Ich glaube, Herr, hilf meinem Unglauben!«* bittet der Vater eines schwerkranken Jungen (Markus 9,24), und Jesus sieht ihn trotz seiner Zweifel im Blick auf seinen Glauben als einen Glaubenden an: er erfüllt die Bitte um Heilung seines Jungen. Warum? Weil der Glaube dieses Vaters nicht an sich, an seine eigene Kraft oder Vollkommenheit, sondern allein an *Jesus* glaubt; weil er nicht sich selbst, sondern einzig *ihm* viel zutraut. Entsprechend sagt Jesus: *»Schon wenn ihr Glauben habt von der Größe eines winzigen Senfkörnchens, könnt ihr zu diesem Berg sagen: Rücke von hier nach dort!, und er wird wegrücken, und euch wird nichts unmöglich sein«* (Matthäus 9,20). Damit gibt uns Jesus zu verstehen: Konzentriert euch nicht auf die Größe eures Glaubens, sondern auf die Größe Gottes! Nicht darauf, wie fest ihr glauben könnt, sondern auf das, was Gott kann, kommt es an. Euer Glaube mag klein wie ein Senfkorn sein; gerade *so* ist er ein Glaube, der alles vermag, weil er mit Gottes grenzenlosem Vermögen rechnet. Wer weiß, dass ihm selbst nichts, Gott aber alles möglich ist, dem ist nichts unmöglich. Warum? *Weil nicht entscheidend ist, was der Glaube fühlt, sondern auf wen er blickt und sich verlässt!* Auch die vielen anderen Menschen, die in den Heilungsgeschichten des Neuen Testamentes zu Jesus kommen, tun im Grunde nur eines: Sie vertrauen ihm ihr Anliegen an und setzen darauf, dass Jesus *auch ihnen* helfen kann und wird – aus Freundschaft, aus purem Erbarmen, ohne dass sie es verdient haben; und sie alle erleben ausnahmslos, dass Jesus das tut!

Der Glaube dieser Syrophönizierin besticht nun freilich in besonderem Maße, weil er über den der meisten anderen Menschen, die sich in den Begegnungen des Neuen Testamentes mit ihren Anliegen an Jesus wenden, noch weit hinausreicht: Jesus spricht ihr ausdrücklich jedes Recht auf seine Hilfe ab: »*Ich bin nur gesandt zu den Verlorenen, die zum Volk Israel gehören*«; doch sie vertraut darauf, dass Jesus ihr *dennoch* helfen wird. Und ihr Glaube behält Recht damit! – Wieviel mutiger, froher, hoffnungsvoller würde so mancher beten, wenn er diese Gewissheit hätte: dass Jesus – allem, was dagegen zu sprechen scheint zum Trotz – ganz gewiss auch *sein* Bitten erhören und erfüllen will und wird! »*Alles, was ihr bittet im Gebet, werdet ihr bekommen, wenn ihr glaubt!*« (Matthäus 21,22). – Haben wir diese Glaubensgewissheit?

Niemand muss und kann diesen Glauben aus sich heraus produzieren! Jesus möchte ihn in uns wecken, ihn uns abgewinnen – so, wie das auch bei dieser Frau geschehen ist: durch die Zeugnisse und Berichte *anderer,* die Jesu Hilfe bereits selbst erfahren haben. *Deshalb* sind uns all die helfenden und heilenden Begegnungen mit Jesus überliefert (vgl. Römer 15,4!), damit auch *wir* Jesus im Blick auf *unsere* (Gebets-)Anliegen vertrauen lernen. Entsprechend besteht der verhängnisvollste *Un*glaube in dem Glauben, dass Jesus zwar vielen anderen Menschen geholfen hat und hilft, aber – aus welchen Gründen auch immer – *mir nicht* helfen kann oder will! Persönlich formuliert: *Dein ganzer Glaube nützt dir nichts, wenn du Jesus nicht zutraust, dass er unter allen Umständen AUCH DIR in dieser deiner ganz bestimmten Notlage helfen will und wird* (vgl. Hebräer 11,6; Jakobus 1,6f.)! Wir können viel von Jesus halten und ihm viel zutrauen; und doch »*greift*« unser Glaube nicht, solange wir ihm nicht vertrauen, dass er auch unser Gebet erhören will und wird, denn genau *diesem* Glauben will und wird Jesus immer antworten!

Und doch – das zeigt die voranstehende biblische Geschichte, – können *vor* der Antwort Jesu auf unser Beten Gotteserfahrungen stehen, in denen jedes Verstehen aufhört, – Erfahrungen, die eben diese Glaubensgewissheit schmerzlich zu widerlegen scheinen: Jesus schweigt auf die Bitte der syrophönizischen Frau, antwortet ihr *»kein einziges Wort«!* Wie weh das Erleben des Schweigens Gottes tun kann, habe ich des Öfteren auch in meinem eigenen Leben erfahren:

Nach einem besonders guten theologischen Examen rieten mir mehrere meiner Professoren nachdrücklich, meinem Studium noch ein Promotionsstudium folgen zu lassen. Eingehende Konsultationen mit meinen engsten persönlichen Ratgebern wiesen in die gleiche Richtung. So habe ich damals mit einer theologischen Dissertation begonnen, fast fünf Jahre lang fleißig daran gearbeitet, mehr als zweihundert Seiten ausformuliert zu Papier gebracht und dabei Tag für Tag um den Segen Gottes für meine Arbeit gebetet; – bis mir Gott durch einen plötzlichen Schlaganfall meinen Doktorvater nahm, was zur Folge hatte, dass ich (mitbedingt durch hinzukommende, weitere widrige Umstände) am Ende gezwungen war, meine Dissertation unvollendet aufzugeben. – Auf meine Fragen nach dem Warum schweigt Gott bis heute!

Mehr als zwei Jahrzehnte lang bete ich darum, dass einer meiner Bekannten, der mir besonders viel bedeutet, einen Zugang zum Glauben an Jesus Christus findet, und bis heute hat Gott auf diese meine Gebete keine erkennbare Reaktion gezeigt! – Es ist nicht zuletzt die voranstehende Geschichte jener syrophönizischen Frau, die mich, – so schwer das auch zuweilen fällt –, *weiter* beten lässt! Denn diese Geschichte zeigt, dass Jesus nicht aus Gleichgültigkeit oder Desinteresse schweigt, sondern sich immer etwas dabei denkt, wenn er schweigt. Ich vertraue darauf, dass dieses *»kein Wort«* nie sein *letztes* Wort ist – für mich nicht und auch für andere nicht. Jesu Schweigen ist ja kein Schlusspunkt, sondern ein Doppelpunkt in seiner Begegnung mit dieser Frau, nicht das Ende seines Gespräches mit ihr, sondern eine tiefsinnige Pause *in* diesem Gespräch! Und in dieser gewiss schwer durchzustehenden Pause zeigt sich ein *zweites* Geheimnis ihres großen Glaubens, das Jesus sein Schweigen *beenden* lässt: *die nicht kleinzukriegende Geduld und Ausdauer* ihres glaubenden Hoffens auf Jesus!

## 2. Glaube, auf den hin Gott sein Schweigen bricht

Auch als Jesus diese Syrophönizierin wortlos und scheinbar unbeachtet stehen lässt, setzt sie ihm nach, schreit ihm hinterher: *»fortwährend, immer wieder, unaufhörlich«* (so sagt es der griechische Grundtext). Nicht, weil sie eine außergewöhnliche Durchsetzungkraft oder Willensstärke besäße, sondern schlicht, weil sich ihre Mutterliebe mit der Not ihrer Tochter einfach nicht abfinden will und kann. In ihrem »Dranbleiben« erbringt sie keine fromme Leistung, sondern lässt nur ihrer *Liebe* freien Lauf, die partout nicht mit ansehen kann, dass ihr Kind ohne Jesu Hilfe in den Abgrund treibt. »Besessen« ist ihre Tochter – von einem bösen Geist, der Besitz von ihr ergriffen und gleichsam die Stelle eingenommen hat, an der zuvor ihr Ich lebendig war. Sie zeigt ein Krankheitsbild, bei dem es unmöglich geworden ist, hinter seinen Äußerungen noch die Seele dieses Kindes wiederzuerkennen, gleicht einem Gehäuse, in dem eine fremde, dämonische Macht »haust«. »Besessen« – das heißt nicht nur krank, todunglücklich, unfähig zu irgendeinem Guten, sondern mit ungewollter zielgerichteter Absicht verletzend, böse, in den eigenen

Ruin treibend! Darum kann es diese Mutter nicht mehr aushalten, mitansehen zu müssen, wie sich ihr Kind unter dem Zwang eines Dämonen selbst zugrunde richtet, und nicht helfen zu können. Nicht aus religiöser Pflichterfüllung oder Glaubensanstrengung, schlicht aus unerträglicher Not heraus schreit sie um Hilfe. Ihre Mutterliebe *muss* es tun, sie *kann* nicht aufhören, sich an diese letzte Hoffnung für ihr Kind zu klammern, kann nicht anders, als dranzubleiben an Jesus – einfach weil sie gewiss ist, dass nur er ihrer Tochter helfen kann. Und eben dieses »Dranbleiben« ist das Mittel, das dazu führt, dass Jesus sein Schweigen bricht.

Auch *uns* zu einem solchen betenden Dranbleiben zu *ermutigen,* ist die Absicht ungezählter Zusagen Gottes im Zeugnis der Bibel: *»Werfet euer Vertrauen nicht weg, es soll eine große Belohnung bekommen! Geduld habt ihr nötig, damit ihr den Willen Gottes erfüllen könnt und das euch Verheißene empfangt!«* (Hebräer 10,35f.). *»Hört mit dem Beten nicht auf!«* (1. Thessalonicher 5,17). *»Gott erfüllt seine Zusagen zu seiner Zeit! Und wenn es sich hinzieht, dann halte an seinen Zusagen fest!«* (Habakuk 2,3). *»Gott wartet darauf, euch gnädig zu sein ... Wohl allen, die an seinen Verheißungen festhalten!«* (Jesaja 30,18). Es gibt zuweilen Zeiten im Leben glaubender Menschen, in denen »beten« schlicht bedeutet, unsere Not und unser Verlangen unaufhörlich hineinzusprechen in das Schweigen Gottes. Die Bibel vergleicht Gott einem klugen Ackersmann, der auf die Frucht seiner Saat wartet, aber uns nicht ernten lässt, bevor diese Frucht wirklich reif ist (Jakobus 5,7). Während wir auf Gottes Erhörung warten, *wartet Gott auf uns* – darauf, dass wir reif werden, das Erbetene entgegenzunehmen! Er weiß besser als wir, wann der rechte Augenblick gekommen ist, zu dem wir in der Lage sind, mit dem Erbetenen richtig umzugehen. Oftmals antwortet Gott nicht zu dem von uns erhofften Zeitpunkt, aber wir können uns darauf verlassen, dass er Betern immer *rechtzeitig* zu Hilfe eilt. Bis dahin sollen wir beten »*ohne Unterlass*« (1. Thessalonicher 5,17). Wer siegen will, muss manchmal lange kämpfen – nicht nur *für* Gott, sondern gelegentlich auch *mit* Gott, muss mit Jakob zu ihm sagen: »*Ich lasse dich nicht, du segnest mich denn*« (1. Mose 32, 27). Jesus versichert uns in seinem Gleichnis von dem ungerechten Richter (Lukas 18,1-18), dass Gott auf solch anhaltendes Bitten die Erhörung »*nicht lange hinziehen*«, sondern »*in Kürze*« antworten und dem Beter »*Recht verschaffen*« wird.

Auch auf das andauernde Bitten dieser Mutter aus Syrophönizien antwortet Jesus schließlich, und es macht die Dramatik dieser Begegnung aus, *wie* er das tut: »*Es ist nicht recht, das Brot, das den Kindern gehört, zu nehmen und es den Hunden zu geben.*« – Jesus mutet unserem Glauben bisweilen Ungeheuerliches zu! Auch wenn er dieser Frau *im Kern* nur sagen will, dass sein Heilswirken nach Gottes Plan zunächst vorzugsweise den Israeliten gilt, – dass erst einmal wenigstens in einer kleinen Region auf Erden sichtbar werden soll, welches Heil einmal *allen* Menschen zukommen soll und dass Jesus sich darum auf Israel beschränken muss, – muss seine Aussage dieser Frau nicht wie ein hartes, sie ausschließendes, gnadenloses Nein erscheinen?!: »Du gehörst nicht zu den Kindern am Tisch, sondern zu den Hunden unter dem Tisch«! Welch ein Schlag ins Gesicht! Unverblümt sagt Jesus ihr auf den Kopf zu: Ich bin zwar von Gott gesandt, um zu helfen und zu heilen, aber für *deine* Not bin ich nicht zuständig! – Wir spüren: An dieser Aussage Jesu muss eine letzte Entscheidung fallen. Wer hier protestiert – aber auch, wer hier resigniert! – wird den Kampf verlieren! Der große Glaube dieser Mutter gewinnt ihn – mit nur zwei Worten! –, und diese beiden Worte deuten auf das *dritte* und vielleicht tiefste Geheimnis ihres Glaubens; – zwei Worte, die Betern oftmals

schwerer über ihre Lippen gehen, als alle anderen: »*JA, Herr*« –
*JA, Herr!*«

# 3. Glaube,
## auf den hin
## Gott nicht »nein« sagt

Die Syrophönizierin sagt »*Ja, Herr*«, ohne sicher zu wissen, *ob*
Jesus ihre Bitte erhören wird und ohne absehen zu können,
*wie* er sie erfüllen wird. Sie gesteht Jesus mit diesen beiden Worten zu, dass er als der »Herr« auch das Recht hat, sie *nicht* zu erhören und vertraut ihm darin doch, dass er es – wie auch immer
– mit ihr *recht* macht.

Auch Maria, die Mutter Jesu, erfährt auf jener Hochzeit in
Kana (Johannes 2,1-10) schroffe Ablehnung, als sie Jesus bittet
einzugreifen, weil der Wein ausgegangen ist: »*Was geht es dich
an, was ich tue! Meine Stunde ist noch nicht gekommen.*« Und
auch Maria gibt Jesus recht, – ohne ihn zu verstehen! Auch sie
hofft und vertraut ihm weiter und weist in der Erwartung seines
rechtzeitigen Helfens die Diener an: »*Stellt die Steinkrüge bereit!*"

Welcher Beter hat an dieser Stelle nicht immer wieder große
Probleme?! Haben wir nicht in aller Regel eine feste Vorstellung
davon, wie unser Leben verlaufen soll: geradeaus und ohne Pan-
nen, mit Rückenwind und ohne Gegenwind?! Sind wir nicht allzu leicht daran, Gott insgeheim vorzuschreiben, welche Rolle *er*
dabei zu spielen hat? Und wenn er nicht »funktioniert«, wie
schnell sind wir dann unheimlich enttäuscht! Ob uns bewusst ist,
dass wir auf diese Weise versuchen, die Stelle Gottes einzuneh-
men, uns anmaßen, *selbst* Gott zu spielen und ihn zum Erfül-

lungsgehilfen unserer Wünsche zu degradieren? Wir können zu Jesus nicht ehrlich »Herr« sagen, wenn wir zu seinem Willen nicht »Ja« sagen und mithin unseren Eigenwillen zur Disposition stellen. In solchem Verzicht des Bestehens auf unserem Eigenwillen machen wir uns nicht etwa willenlos, *sondern begründen, legitimieren und autorisieren unser Wollen in dem seinen!* Und doch fällt uns genau das immer wieder unsäglich schwer. – Warum? Weil wir Jesus zu wenig kennen, ihm so leicht misstrauen, fürchten, er könne es am Ende nicht gut mit uns meinen und Angst haben, es werde uns schlecht gehen, wenn es nach seinem Willen geht. Unser Gebet wird uns immer in dem Maße zum Problem, wie Jesus uns zum Problem geworden ist! Wie zuversichtlich wir hingegen beten könnten, wenn uns bewusst wäre, mit *wem* wir es in unseren Gebeten zu tun haben: mit einem Gott, der uns zwar nicht helfen *muss* und doch so »*gerne*« *helfen will* (Psalm 13,6!), der uns in seinem *Namen verbürgt* hat, dass er uns helfen *wird* (»Jesus« heißt zu deutsch: »Gott hilft«!), und der zuweilen erst lange um unser Vertrauen werben muss, bis er uns schließlich helfen *kann!*

Die Syrophönizierin bittet Jesus *nicht*: »Bitte, mach auf der Stelle mein schwerkrankes Kind gesund!«, sondern ruft ihn nur um sein Erbarmen an; sie vertraut darauf, *dass* er ihr helfen wird, aber sie überlässt es ihm, *auf welche Weise* er ihr helfen wird. Mehr noch: Sie sagt »Ja« zu Jesu Nein und entdeckt *so* sein heimlich in diesem Nein *angelegtes Ja* zu ihrer Bitte! Indem sie »ja« sagt zu dem sie auf den ersten Blick so demütigenden Wort von den Hunden, erschließt sich ihr die in dieser Aussage angelegte Verheißung der Brotreste: »Ja«, sagt sie (nicht ohne ein gerüttelt Maß an Raffinement!), »ich habe als Heidin keinen Anspruch darauf, Gottes Kind zu sein und mit ihm an einem Tisch zu sitzen; da gehöre ich schon eher *unter* den Tisch. Aber auch die Hunde unter dem Tisch gehören doch zum Haus Gottes, auch sie *gehören* ihm doch; – wird Gott für die, die ihm gehören, nicht auch *sorgen?!*« Der Glaube dieser Frau verzichtet Jesus gegenüber auf jegliches Recht und bekommt *so von Jesus Recht!* Er wagt ein Ja zu Jesu Nein und *wendet so sein Nein zu einem JA: »Frau, dein Glaube ist groß! Dir soll geschehen, wie du willst!*«

Zu beachten ist an dieser Stelle ein Weiteres: Jesus vergleicht die Syrophönizierin nicht etwa einfach von *sich* aus den Hunden. Sie selbst legt ihm diesen Vergleich vielmehr insofern nahe, dass sie sich in ihrer Not nicht scheut, Jesus nachzulaufen wie ein bettelnder Hund, sich hündisch bettelnd vor ihm niederzuwerfen: sie »hündelt« (sagt der griechische Grundtext). Nie hat Jesus einen Menschen verletzt oder gedemütigt! Aber er nimmt die Demut dieser Frau in seinem Bildwort auf, weil diese Demut Ausdruck eines Glaubens ist, der Jesus *Herr* sein lässt und dem er sich deshalb nie verweigern wird. *»Gott widersteht dem Hochmütigen, dem Demütigen aber gibt er seine Gnade«* (1. Petrus 5,5). Es gibt Gnadengeschenke und Gebetserhörungen, die Gott nur solch rückhaltloser, sich vor ihm beugender Demut zuteil werden lässt!

Das Ja dieser Mutter zu Jesu Nein ist ein demütiges, aber kein unfreiwilliges, zähneknirschendes Ja: ein Ja, das ihr schier unerschütterliches *Vertrauen* zu Jesus über die Lippen bringt, – ein Glaube, der durch Jesu Nein (durch sein Bildwort von den Hunden) schon das Ja seines Willens zu helfen *hindurchschimmern* sieht (die Verheißung der Brotreste). »Ja« zu Jesu Nein vermag nur ein Glaube zu sagen, der vertrauen gelernt hat, dass Jesu Nein nur ein vorläufiges, *vorletztes* Nein sein *kann*, weil (– was diese Frau noch nicht wusste!) Gott in Jesus ein für allemal und *letztgültig »Ja«* zu uns gesagt hat (2. Korinther 1,19f.)! Dem Gott, der vor die Klammer unseres ganzen Lebens sein großes, uneingeschränktes Ja geschrieben hat, dem können wir getrost *auch dann* vertrauen, wenn er *innerhalb* dieser Klammer einmal bei einem Nein zu irgendeinem unserer Wünsche *bleibt*. Wissen *wir* denn wirklich immer bis ins Letzte, was gut für uns ist? Ob Gott das nicht letztlich viel besser weiß und lenkt, auch wenn uns das gelegentlich manches Rätsel aufgibt?! – Ein Beispiel aus der Kirchengeschichte mag das veranschaulichen:

Monnica, die Mutter Augustins, litt unter dem ausschweifenden Leben ihres Sohnes und betete daher inständig, Gott möge ihm begegnen und sein Leben in heilvolle Bahnen lenken. Als ihr Augustin eines Tages eröffnete, er wolle von Karthago nach Italien übersiedeln, befürchtete sie das Schlimmste, das »Versumpfen« ihres Sohnes, und bat Gott leidenschaftlich, Augustin daran zu hindern. Doch Gott erhörte in seiner Weisheit Monnicas Gebete *anders,* als sie es sich vorgestellt hatte: Augustin zog nach Mailand um, fand dort zwei Jahre darauf zum persönlichen Glauben an Jesus Christus und wurde zu einem der bedeutendsten Lehrer und Väter der Christenheit!

Gott erhört unsere Gebete oftmals anders, als wir es erwarten. Wir beten vielleicht um mehr Gehorsam ihm gegenüber, und er führt uns ins Leiden, damit wir durch Leiden Gehorsam lernen (vgl. Hebräer 5,8). Wir bitten vielleicht um Großmut, um große Dinge vollbringen zu können, und er macht uns kleinmütig, damit wir *gute* Dinge bewirken. Nicht immer erhalten wir, was wir erbeten haben, aber auf *Gottes* Wegen oftmals viel mehr, als wir zuvor zu hoffen gewagt haben! Gott durchkreuzt gelegentlich unsere Pläne, weil er bessere Wege für uns hat, über unserem Leben seine höheren Gedanken walten lässt. Ihnen können wir uns rückhaltlos anvertrauen, denn sie führen dazu, dass wir werden, wozu er uns als unser Schöpfer bestimmt hat; sie lassen uns jene *höheren* Ziele erreichen, die die *Liebe Gottes* uns gesteckt hat. Christen dürfen daher in voller Gewissheit ihres Gottvertrauens schon heute zu sagen wagen: *»Es kommt ein Tag, da wird uns klar, dass ALLES, ALLES GNADE war«.* Auch Glaubende verstehen nicht immer, *warum* Gott dieses oder jenes tut, aber sie wagen zu vertrauen, dass *er* weiß, *wozu* er es tut. »*Euer himmlischer Vater weiß, was ihr bedürft*«, hat Jesus gesagt (Matthäus 6,8); wenn *wir* nur immer wüssten, dass er es weiß!

Es ist wichtig, sich klar zu machen, dass die Bibel nirgends sagt, dass Gott jede Bitte wunschgemäß erfüllt (vgl. 2. Korinther 12,7-9!); aber sie versichert uns, dass er *alle seine Verheißungen* erfüllt (Habakuk 2,3; Psalm 34,4)! Verheißen hat er uns grundsätzlich *ein Zweifaches*:

A. *Dass er jedes ehrliche Gebet erhört, das ihn ehrt und das mit seinem guten Willen für unser Leben im Einklang steht* (vgl. 1. Johannes 5,14f; Jeremia 29,12-14). Gebet ist ein geistliches Wirken, für das es mithin wesentlich ist, dass es in Einklang mit dem Willen und Wirken *Gottes* gebracht wird, dass wir unser auf Erhörung gerichtetes Verlangen im Aufblick zu Gott und im Hören auf sein Wort *reinigen, formen und begründen* lassen! Wie jedes aufrichtige Gespräch den primären Sinn hat, *Verständigung* zwischen den beteiligten Gesprächspartnern herbeizuführen, so sollte auch unsere Zwiesprache mit Gott das vorrangige Ziel haben, Gott besser zu erkennen und tiefer zu verstehen. »*Ihr sollt mein Angesicht suchen!*« (Psalm 27,7f.), – *MICH*, – meine Hand, nicht nur die Pfennige in dieser Hand! Wo wir Gott selbst in unseren Gebeten (zu verstehen) suchen, darauf ausgerichtet sind, unser Wollen mit dem seinen in Konformität zu bringen, da erfahren wir, dass der *größte* Segen des Gebets darin besteht, *dass es uns mit Gott eint!* Seine höchste Erfüllung wird unserem Beten mithin dadurch zuteil, dass es unser Begehren zuerst und zuletzt über die erbetene Gabe hinaus auf Gott selbst richtet und uns so in die *An*betung führt, – in den Triumph des Vertrauens: *Er ist unser, wir sind sein!*

B. Die *zweite* grundlegende, uns Erhörung zusagende Verheißung, die Jesus auf unser Gebet gelegt hat, erwächst aus dem Vorrecht, dass wir als Christen »*im Namen Jesu Christi*« zu Gott dem Vater beten dürfen und sollen: »*Wenn ihr den Vater um etwas bitten werdet in meinem Namen, wird er es euch geben. Bisher habt ihr nichts gebeten in meinem Namen. Bittet, so werdet ihr nehmen – auf dass eure Freude vollkommen sei*« (Johannes 16,23f.).

Die Tragweite dieses Vorrechtes wird nur erahnen, wer sich bewusst macht, dass es aufgrund unserer von Gott entfremdeten, sündigen Natur der *Normalfall* ist, dass er die Gebete seiner von ihm abgefallenen Geschöpfe *nicht* erhört!: »*Und wenn ihr auch viel betet, höre ich euch doch nicht, denn eure Hände sind voll Blut.*«»*Eure Sünden scheiden euch von eurem Gott*«, lässt Gott uns deshalb durch seinen Propheten sagen (Jesaja 1,15b; 59,2). Erst und ausschließlich *durch Jesus* und seine priesterliche Vermittlung haben wir Menschen einen Zugang zu Gott, der uns Aussicht auf die Erhörung unserer Gebete verspricht (1.Timotheus 2,5; Johannes 14,6; 14,13f.), – dadurch allein, dass wir in *seinem Namen* zu Gott beten dürfen. Dietrich Bonhoeffer schreibt dazu treffend: »*Dass wir beten dürfen, ist keine Selbstverständlichkeit. Zwar ist das Gebet ein natürliches Bedürfnis des menschlichen Herzens, aber darin hat es noch kein Recht vor Gott ... Wer* (hingegen) *an Jesus gebunden ist in der Nachfolge, der hat durch ihn den Zugang zum Vater. Damit ist jedes rechte Gebet vermitteltes Gebet ... Nur durch Jesus Christus können wir im Gebet den Vater finden. Die Voraussetzung des Gebetes ist der Glaube, die Bindung an Christus ... Auf sein Wort hin beten wir. So ist unser Gebet immer an sein Wort gebunden*« (Nachfolge, 10. Aufl. München 1971, S.137f.). – Dass wir nicht in unserem, sondern im Namen Jesu vor Gott treten dürfen, verleiht unserem Gebet die Gewissheit, dass Gott unser Bitten um seines geliebten

Sohnes willen *erhört!* – nicht, wenn wir den Namen Jesu als Zauberformel missbrauchen, sondern wenn wir – autorisiert durch seinen Namen – erbitten, was mit seinem Willen im Einklang steht. – Folgende Begebenheit mag dies abschließend gleichnishaft verdeutlichen:

Während des amerikanischen Sezessionskrieges meldete sich der einzige Sohn eines Bankdirektors freiwillig zum Heer der Union. Dem Vater brach dieser Entschluss schier das Herz, doch ließ er seinen Sohn ziehen und kümmerte sich fortan aufopferungsvoll um die Soldaten, die verletzt von der Front zurückkehrten. Sooft er eine Uniform sah, wurde sein Herz warm in den Gedanken an seinen geliebten Sohn. Schließlich wurden die Hilfsaktionen des Bankdirektors so zeitaufwendig, dass er sich auf Drängen seiner Vorgesetzen entschloss, sich in Zukunft nur noch um die Bank zu kümmern.

Nicht lange nachdem er diesen Entschluss gefasst hatte, kam eines Tages in abgetragener Uniform ein Soldat an seine Haustüre. Man sah ihm an, dass er verwundet gewesen war; sein Gesicht und seine Hände waren voll kaum verheilter Narben. Wortlos stand der Soldat vor ihm und kramte beflissen in seiner Tasche, um etwas zu suchen. Doch der Bankdirektor erriet das Anliegen des jungen Mannes und sagte zu ihm: »Ich kann leider nichts für Sie tun, ich habe nicht die nötige Zeit. Gehen Sie zu Ihrem Hauptquartier, die Offiziere dort werden sich um Sie kümmern.« Der arme Soldat schien nicht zu verstehen, was ihm der Direktor gesagt hatte. Immer noch suchte er in seiner Tasche, – bis er schließlich ein schmutziges Stück Papier herausholte und es seinem Gegenüber hinhielt. Der traute seinen Augen nicht, als er die auf dem Zettel aufgeschriebenen Worte las: »Lieber Vater, der Überbringer dieser Zeilen ist einer meiner Kameraden; er wurde verwundet, als er an meiner Seite kämpfte. Bitte nimm ihn auf, wie wenn ich es wäre! – Dein Karl.« – Noch im gleichen Augenblick waren die Vorsätze des Direktors, sich nicht mehr um heimkehrende Soldaten zu kümmern, wie weggewischt. Er nahm den Verwundeten in sein Haus auf, ließ ihn in Karls Zimmer schlafen und am Tisch seines Sohnes Platz einnehmen, – bis er wieder völlig genesen war und der Soldat in seine Einheit zurückkehren konnte.

– Ein treffliches Gleichnis für die Liebe und Hilfsbereitschaft, die *Gott uns* entgegenbringt, wenn wir im Namen seines Sohnes Jesus Christus zu ihm kommen. Nie wird er uns abweisen, wenn und weil wir auf das Geheiß Jesu hin vor ihn treten. Seine »Unterschrift« unter unserem Gebet, sein Eintreten für uns vor Gott garantiert jeder Bitte Erhörung, die mit seinem guten Willen im Einklang steht. Jesus hat uns zugesagt, dass Gott uns – was auch immer unser Anliegen ist –, *nie einen Stein* geben wird, wenn wir ihn um *Brot* bitten (Matthäus 7,7-11)! Zigmal fordert er uns auf, *bittet er uns*, in seinem Namen alle unsere Anliegen vor seinen himmlischen Vater zu bringen – »*mit Zuversicht*« und rückhaltlosem Vertrauen (Hebräer 4,14-16). Niemand ist so bereit zu helfen, wie der Gott, zu dem Jesus uns zu beten ermutigt. Zu keinem, der im Namen seines Sohnes zu ihm kam, hat er je gesagt: Dir helfe ich nicht! Bedenken wir: Er ist ein Gott, der »*gerne hilft*« (Psalm 13,6), dem es »*Freude macht*«, uns Gutes zu tun (Jeremia 32,41)! Und es ist sein Ziel, *auch uns* einen Glauben abzugewinnen, der so groß ist wie der jener syrophönizischen Frau: Einen Glauben, der ihm nie etwas Schlechtes, immer aber alles Gute zutraut, und dem er darum am Ende auch *alles schenken* kann, was dieser Glaube von ihm begehrt.


(Die oben nachgezeichnete Geschichte jenes amerikanischen Bankdirektors verdanke ich dem Buch: Ch. E. Cowman, Alle meine Quellen sind in dir, Wetzlar 1973, S. 289f.)